PIERRE BLANC

Orar 15 dias com
O CURA D'ARS

EDITORA
SANTUÁRIO

Direção Editorial:	Pe. Flávio Cavalca de Castro, C.Ss.R.
	Pe. Carlos Eduardo Catalfo, C.Ss.R.
Coordenação Editorial:	Elizabeth dos Santos Reis
Copidesque:	José Dutra
Coordenação de Revisão:	Maria Isabel de Araújo
Revisão:	Marilena Floriano
	Vanini Nazareth Oliveira Reis
Diagramação:	Marcelo Antonio Sanna
Capa:	Marco Antonio Santos Reis

Tradução: José Dutra

Título original: *Prier 15 jours avec le Cure d'Ars*
© Nouvelle Cité, 1995
ISBN 2-85313-242-0

Dados Internacionais de Catalogação na Publicação (CIP)
(Câmara Brasileira do Livro, SP, Brasil)

Blanc, Pierre
　　Orar 15 dias com Cura D'Ars / Pierre Blanc; (tradução José Dutra). — Aparecida, SP: Editora Santuário, 2000. (Coleção Orar 15 dias 5)

　　Título original: Prier 15 jours avec le Cure d'Ars.

　　Bibliografia.
　　ISBN 85-7200-711-3

　　1. Espiritualidade 2. Orações 3. Vianney, João Maria, Santo, 1786-1859 4. Vida espiritual I. Título.

00-4303 　　　　　　　　　　　　　　　　　　　　　　　　　　CDD-242

Índices para catálogo sistemático:

1. Orações: Cristianismo 242

3ª Reimpressão

Todos os direitos em língua portuguesa
reservados à **EDITORA SANTUÁRIO** – 2013

Composição em sistema CTcP, impressão e acabamento:
Editora Santuário - Rua Padre Claro Monteiro, 342
Fone: (12) 3104-2000 - 12570-000 - Aparecida-SP.

PREFÁCIO

É com João Maria Vianney, mais conhecido pelo nome de "Santo Cura d'Ars", que iremos rezar quinze dias. Mas, antes de iniciar nossa caminhada espiritual, aproveitemos para descobrir ou relembrar quem foi esse homem, cuja vida e projeção espiritual ultrapassaram as fronteiras da pequena aldeia de Ars e se estenderam ao mundo inteiro.

Infância e juventude

Nascido no dia 8 de maio de 1786 em Dardilly, ao norte de Lyon, João Maria Vianney é o quarto de uma família de seis filhos. Seus pais cultivam treze hectares de terra. Uma família que pratica o Evangelho pela oração em família e pela acolhida aos mais pobres.

Estando ele ainda na primeira infância, sua mãe já o educa, pela oração, no amor a Deus e à Virgem Maria. João Maria tem três anos, quando explode a revolução, e sete, quando as perseguições assolam a região. Muito jovem, ele é então mergulhado no drama de uma Igreja dilacerada e de uma sociedade dividida.

É às escondidas que, em 1797, João Maria Vianney faz sua primeira confissão. Ele, que se tornará o "homem da reconciliação", sem dúvida descobre aqui a importância deste sacramento, pois o padre ao qual se confessa arriscou sua vida para isso. Espera ainda dois anos para fazer sua primeira comunhão, ainda às escondidas (descarregarão feno em frente à casa onde é celebrada a missa, para não chamar a atenção). Ele espera mais dois anos para comungar uma segunda vez. Como não compreender sua consciência da grandeza da Eucaristia e da Reconciliação, ele que viu padres arriscarem a vida para lhe permitir encontrar Deus nos sacramentos?

João Maria Vianney vai à escola muito tarde, unicamente porque não há professor na aldeia. É aos dezessete anos que aprende a escrever. Embora muito jovem tenha tido o desejo de ser padre, somente aos vinte anos começa os estudos. Seu pai não é favorável e os estudos custam caro. Para evitar as despesas, é o pároco de Écully quem lhe dá formação. Esse homem será na verdade seu mestre espiritual.

Napoleão, que nesse meio tempo chegou ao poder, faz a guerra. Ele necessita de soldados. João Maria é chamado ao serviço militar em 1809, mas cai doente a caminho da partida. Logo depois de chegar ao seu batalhão, ele deserta, encorajado nesse sentido por um companheiro que o leva para a aldeia de Noës nas colinas do Forez. Considerado desertor, é seu irmão que parte em seu lugar; este nunca mais tornará a ver Dardilly. João Maria Vianney carregará por toda a vida essa ferida do desaparecimento de seu irmão, sem contudo lamentar o que fez.

João Maria Vianney retoma com dificuldade seus estudos eclesiásticos. É até despedido do seminário maior de Lyon, em 1813; não por falta de inteligência, mas porque aprender a teologia em latim e empreender uma caminhada intelectual, quando se começou a ler e a escrever aos dezessete anos, não é fácil! João Maria Vianney é um homem inteligente e fino, que tem uma intuição justa de Deus. Apesar de ter ido mal nos estudos, o exame em francês a que se submete em Écully, onde o abade Balley continua assegurando sua formação, é aceitável. Depois do exame, o vigário geral teria dito: "Vós sabeis tanto ou até mais que a maior parte de nossos párocos do interior".

No dia 13 de agosto de 1815 ele é ordenado sacerdote, em Grenoble, porque em Lyon o cardeal Fesch, tio de Napoleão, por segurança acaba de deixar sua diocese (a batalha de Waterloo havia acontecido em 18 de junho). É logo nomeado vigário em Écully, junto do Padre Balley, que morreu em 1817.

Em 11 de fevereiro de 1818 é nomeado para Ars, pequena aldeia em Dombes, no departamento de Ain (conf. 9), e toma posse no dia 13. Antes paróquia da diocese de Lion, Ars torna-se paróquia da diocese de Belley, em 1823, data da fundação da atual diocese por Dom Devie.

Seu ministério desenvolve-se num contexto político agitado: império, monarquia, república, novamente império. Está difícil para a França encontrar a paz verdadeira. Três revoluções, dois golpes de estado, dois períodos de terror marcaram a história entre 1786 e 1859. No plano religioso, o anticlericalismo se manifesta em certos períodos, particularmente em 1830.

O ministério de pároco

Desde o início, João Maria Vianney revela-se um homem "empreendedor". Da restauração do campanário da igreja à construção de capelas, passando pela aquisição, em 1824, da casa que levará o nome de "Providência", para fazer dela uma escola gratuita para moças, ou ainda a compra de ornamentos litúrgicos, para "proclamar a beleza de Deus", tudo é feito no sentido do anúncio e da prática do Evangelho.

No seu ministério, o cura d'Ars saberá sempre colocar em primeiro lugar a primazia de Deus na vida humana. Inicialmente marcado por certo rigor moral no anúncio do Cristo, rapidamente vai deixar-se levar por sua própria vida espiritual e anunciar a grandeza do amor de Deus e sua misericórdia infinita pelo homem pecador.

Ocupando a Virgem Maria um grande lugar em sua vida e em sua fé, ele manda entronizar uma imagem da Santíssima Virgem e consagra sua paróquia a "Maria concebida sem pecado". Ora, estamos em 1836, isto é, dezoito anos antes da proclamação do dogma da Imaculada Conceição!

Uma originalidade de Ars é que a "peregrinação" começou com João Maria Vianney vivo. Já antes de 1830, numerosas pessoas vêm confessar-se com o cura d'Ars, atendendo ele dezenas de milhares nos últimos anos de sua vida. Contam-se mesmo mais de cem mil peregrinos em 1858. A maior parte de seus dias ele passa na igreja, principalmente para as confissões, mas também para a oração, para a Eucaristia e a catequese. Apesar da afluência dos peregrinos, nem por isso ele abandona seus paroquianos que sempre terão a prioridade.

Tornando-se cada vez mais pesada a carga do ministério, o cura d'Ars aceita um auxiliar. Depois, uma equipe de missionários diocesanos e irmãos da Sagrada Família de Belley vêm ajudá-lo no exercício de suas funções.

Esgotado por suas atividades estafantes, o cura d'Ars cai definitivamente de cama no dia 30 de julho. No dia 4 de agosto de 1859, às duas horas da manhã, ele "entra na glória de Deus". Está com sessenta e três anos.

No dia 8 de janeiro de 1905, João Maria Vianney é beatificado pelo Papa Pio X; em 31 de maio de 1925, o Papa Pio XI o canoniza. Torna-se então "São João Maria Vianney". Mas para o povo ele é, em primeiro lugar, o "Santo Cura d'Ars". Em 23 de abril de 1929, ele é declarado patrono de todos os párocos do universo.

INTRODUÇÃO

"Não tenho outra coisa que vos demonstrar, senão a indispensável obrigação em que estamos de nos tornarmos santos."
João Maria Vianney

O itinerário espiritual que se nos propõe durante estes quinze dias de retiro pessoal é uma caminhada para a santidade. Com o secreto desejo que, no decorrer dos dias, cada um de nós descubra com que amor, com que imenso amor nós somos amados por Deus, um amor único para cada um.

Descobrir que uma palavra é suficiente para que o Senhor multiplique sua presença em nós (sem com isso anular nossa personalidade): "sim". Um "sim" total pronunciado e vivido cada dia, como a Virgem soube fazer e pode, ainda hoje, ajudar-nos a fazê-lo numa caminhada de fé. Descobrir ainda que não podemos viver, não importa o que nem como, na medida em que deixamos Deus nos amar e em que queremos amá-lo de todo o nosso coração.

Nós somos todas e todos chamados à santidade. E precisamos desejar, querer esta santidade, porque ela é a colocação em prática do amor de Deus em nossas vidas; é união total com Deus; é o levar a sério nossa vocação e nossa missão de batizados.

Nosso roteiro

— Nos dois primeiros dias, acertaremos nossas vidas em relação a Deus, descobrindo o que é a obra do Senhor e o que quer dizer amar para ele.

— Nos dois dias seguintes, veremos que a oração é uma relação viva com Deus e que a fidelidade ao Senhor nos impele a passar pela cruz, no seguimento a Jesus.

— Tornando-se cada vez mais forte nossa união com Deus, avaliaremos então como a Eucaristia e o perdão são uma riqueza extraordinária para nossa fé.

— É então que, no âmago dessa aliança de amor com o Senhor, passaremos um dia com Maria, aquela que, cheia do Espírito Santo, disse plenamente sim ao Pai, para dar ao mundo o Cristo Salvador.

— Depois, durante cinco dias, aprofundaremos nossa maneira de viver o Evangelho: partilhar nossa fé, acolher o outro, compreender o lugar dos leigos na Igreja e como viver melhor em Igreja, anunciar o Evangelho; tantos caminhos nos quais o Cura d'Ars será nosso guia, para ajudar-nos a crescer no amor a Deus e a nossos irmãos.

— Sabendo que vivemos nossa relação com Deus e com os outros através do que nós somos, meditaremos com João Maria Vianney sobre a vida e a missão das famílias cristãs e dos padres. Dois dias importantes, antes de seguir o Cura d'Ars até à morte e ao encontro definitivo com Deus.

— Com efeito, o último dia de oração vivida juntos terá como tema: "morte e santidade". Meditar sobre a morte não é coisa habitual, mas muito necessária para viver em plenitude a nossa fé cristã, cujo fundamento é a ressurreição de Jesus, aquele mesmo que morreu "crucificado por nós sob Pôncio Pilatos", como proclamamos na "Profissão de Fé". A morte esclarece sobre a vida com Deus, uma vida de plena relação que preparamos já na terra, pela nossa união com Deus e com nossos irmãos humanos.

Este caminho de vida chama-se *santidade*. E ele é possível para cada um de nós pela acolhida do Espírito Santo. O Espírito nos impele na medida em que queremos viver nosso batismo, dizendo um sim total a Deus, Trindade de Amor, para que ele realize em nós e por nós sua vontade, sua obra. Uma atitude de fé que nós vivemos para nossa maior felicidade e para a felicidade de nossos irmãos.

Os apaixonados de Deus são pessoas que incomodam, porque questionam a maneira como vivemos nossa vida. Elas incomodam, porque *"lá, onde os santos passam, Deus passa junto com eles..."* (João Maria Vianney). Então nos tornemos santos!

— As citações do Cura d'Ars inseridas neste livro são tiradas do livro do abade Nodet, *João Maria Vianney, Cura d'Ars, seu pensamento, seu coração,* Mappus,1960, como também dos "Mais belos textos dos catecismos do Cura d'Ars", reconstituídos por Bernard Nodet.

— As citações bíblicas do Antigo Testamento são tiradas da "Bíblia Sagrada", publicada em coedição pelas Editoras Santuário e Vozes; as citações do Novo Testamento e Salmos são tiradas do "Novo Testamento e Salmos", tradução do Pe. José Raimundo Vidigal, C.Ss.R., publicação da Editora Santuário.

Primeiro dia

A OBRA DO SENHOR

Nós estamos neste mundo, mas não somos deste mundo, pois dizemos todos os dias: "Pai nosso, que estais no céu". Oh! Como é bom ter um Pai no céu! "Venha a nós o vosso Reino." Se eu faço o bom Deus reinar no meu coração, ele me fará reinar com ele em sua glória. "Seja feita a vossa vontade." Não há nada tão doce como fazer a vontade de Deus, e nada tão perfeito. Para fazer bem as coisas, é preciso fazê-las como Deus quer, em total conformidade com seus desígnios.

O que marca o itinerário espiritual de João Maria Vianney é seu desejo constante de realizar a obra do Senhor. Esse trecho de um comentário do nosso Pai o mostra bem: *"É preciso fazer as coisas como Deus quer"*, diz ele. Ora, como fazer o que Deus quer, se nós não lhe perguntamos? Realizar a obra do Senhor, fazer sua vontade é começar por comprometer-se. Sim, comprometer-se com tudo o que faz parte de nossa vida: o trabalho, os cursos, as visitas, o lazer... Comprometer-se com aproveitar o tempo, ou antes dar tempo ao tempo, dar tempo a Deus, porque o próprio Deus quer tomar conosco o tempo de nos encontrar.

Depois é lembrar-nos de uma coisa fundamental: nós somos filhos e filhas de Deus, "herdeiros de Deus", pelo nosso batismo, que nos une ao Pai pelo Filho, na comunhão do Espírito Santo. Nós somos unidos ao Pai, criados à semelhança do Filho, para agir no mundo guiados pelo Espírito de Vida. Lembrar-nos que "somos seus filhos; portanto nós também teremos parte nos bens que Deus prometeu a seu povo, teremos parte neles com o Cristo" (cf. Rm 8,17). Que boa notícia! Deixemos ressoar em nós essas palavras de vida, que afastam para longe de nosso espírito toda a ideia de desconfiança para com Deus, como também toda a ideia de predeterminação de nossa vida, em função do dia e da hora de nosso nascimento ou de qualquer outro elemento de nossa história.

Já o primeiro livro da Bíblia proclama: "Deus criou o homem à sua imagem, à imagem de Deus os criou, macho e fêmea ele os criou" (Gn 1,27). Nós vivemos então uma relação toda particular com o Senhor, uma aliança que é dom de Deus e que nos faz viver. Não somos nós que vamos primeiro a Deus, mas é ele que vem a nós. Assim, os esforços que podemos fazer não são destinados a "ganhar o céu", mas, sabendo-nos já participantes da vida divina por puro dom de seu amor, nós tornamos esta realidade visível por uma vida digna da confiança que Deus põe em nós.

Deus é amor

Iniciemos então este tempo de oração com João Maria Vianney, tornando-nos como ele para com aquele que é nossa alegria, para com aquele que, por sua aliança de amor, quer trabalhar conosco, em nós, por nós. Este *trabalho* de Deus prepara cada um de nós e, portanto, cada ser humano, para um dia responder sim à vida que ele nos dá.

Deus é maior do que nós, infinitamente maior do que nós, mas ao mesmo tempo Ele é íntimo a nós. É porque Ele nos concede este dom extraordinário de sua aliança. Isso quer dizer que não há Deus de um lado e nós do outro, há Deus conosco. Não é, aliás, a revelação de Natal: "Deus conosco", "Emanuel"?

Mas não é porque o Senhor está conosco que podemos agir de qualquer jeito para o fazer conhecer. Pois é bem disto que se trata: nossa missão de batizados consiste em realizar, como João Maria Vianney, a obra de Deus, e não obras por Deus.

Uma grande questão

Com efeito, nós temos muitos meios à nossa disposição para conhecer as expectativas e necessidades humanas e espirituais dos homens. Não faltam nomes de organizações caritativas cristãs, de defesa dos direitos humanos, de desenvolvimento do terceiro mundo. Os nomes de associações bíblicas e teológicas abertas a todos estão crescendo. Mas uma questão se pode colocar: como acontece que, com tantos meios à sua disposição, com tantas competências e tanta dedicação, a nossa Igreja (e, portanto, nós mesmos) não evangeliza mais? Tantos esforços e, guardadas todas as proporções, tão poucos "resultados"? O que, então, nos falta realmente em Igreja, e o que falta à Igreja?

E se Deus, em resposta, nos soprasse: "Vocês me consultaram antes de agir?"

A obra de Deus é esta: começar por perguntar ao Senhor o que Ele quer fazer comigo, contigo, com cada um de nós. Porque o Senhor tem um "plano missionário" diferente para cada um. Não somos todos chamados a ser catequistas, não somos todos chamados a ser membros de uma organização caritativa, ou a participar de tal ou tal movimento ou serviço de Igreja, mas todos nós temos de assumir a nossa missão de batizados.

Então, como saber o que o Senhor quer fazer com cada um? Não somente por uma opção de vida, mas também e principalmente por aquilo que é da ordem do cotidiano.

O Senhor reclama nosso sim

Comecemos, como João Maria Vianney, por deter-nos diante do Senhor. *"Para fazer bem as coisas,* dizia ele, *é preciso fazê-las como Deus quer, em conformidade com seus desígnios."* Então, no fundo de nosso coração, lá onde Deus está presente, digamos um sim sincero e total ao Senhor. Um sim total para deixá-lo realizar sua obra aqui embaixo, em nós e por nós.

"Sim, Senhor, eu quero realizar vossa obra, fazer vossa vontade, que me dareis a conhecer quando quiserdes e como quiserdes."

Somente então o Senhor colocará em nosso caminho pessoas que desejarão viver segundo sua vontade para elas. (Por exemplo: o Cura d'Ars, rezando em sua igreja, viu muitos paroquianos, tomados do mesmo desejo, e irem também eles rezar com seu pároco.) Pois o Senhor enviará ao nosso encontro todos os "beneficiários" da obra que Ele realiza através de nós, graças ao nosso sim total, confiante e contínuo. Não é isso que aconteceu em Ars, onde foram vistos chegar cada vez mais penitentes ao confessionário do santo Cura?

Assim então, antes de tudo e, mais ainda, antes de todo o passo importante, comecemos por rezar. Tenhamos no coração o desejo de deixar o Senhor agir em nós e por nós. Perguntemos a Ele o que é bom para nós e para os outros, segundo seu desejo e sua vontade. Vivamos esta atitude na confiança, como o santo Cura d'Ars: nenhuma iniciativa de sua vida pastoral era tomada, nem resposta alguma era dada a uma questão delicada, sem primeiro ter rezado longamente e levado o problema diante do Senhor.

Às vezes, diante da vida agitada que levamos, teríamos a tendência de dizer: "Isso não interessa! Como leigos ou como padres, nós não temos tempo!"... Claro que não! E é aí que está a armadilha das obras *por* Deus! Seguros de nossa inteligência e de nosso senso de análise, descobrimos certas necessidades em nosso meio ambiente ou em outro lugar no mundo. Então, com um grande desejo de servir ao Senhor e de oferecer-lhe nosso trabalho, nós nos esquecemos de passar por Ele e vamos direto pôr em prática nossos projetos ou nossos planos. O que se realiza muitas vezes é bom, bem seguro. Mas é sempre o que o Senhor esperava de nós, é o que queria realizar por nós e conosco?

João Maria Vianney buscou sem cessar apoio no Senhor, através da oração, e mais particularmente diante do Santíssimo Sacramento, para levar a bom termo tudo o que fazia. Se deixamos de lado aquele que nos dá o Evangelho, como podemos dizer: "O que eu faço está no espírito do Evangelho?"

A obra de Deus começa na oração. É nela que muitas vezes o Senhor pode "falar-nos ao coração". Mas sempre será preciso discernir se o que recebemos na oração vem mesmo do Senhor e não de nossa imaginação. É aí, por exemplo, que um diretor espiritual, estando ele mesmo enraizado na oração e na contemplação, poderá ajudar-nos no discernimento.

Do mesmo modo, mais geralmente, a partilha com outros daquilo que nós vivemos pode ser um meio de discernimento (cf. Mt 18,20).

A obra de Deus é deixar Deus agir em nós e por nós, é desejar realizar sua obra, acolhendo-o como primeiro em nossa vida, como aquele que ocupa o primeiro lugar e sem o qual nossa vida é vazia de sentido. Tenhamos a porta de nosso coração aberta para o Senhor. Ele é o guia seguro, a luz que ilumina nossa vida. E a cada um Ele mostra o caminho que deseja ver-nos tomar. *"Aqueles que são conduzidos pelo Espírito Santo têm ideias certas"*, diz o Cura d'Ars. *"Quando se é conduzido por um Deus de poder e de luz, não se pode enganar... O olho do mundo não vê além da vida, o olho do cristão vê até o fundo da eternidade."*

Segundo dia

O AMOR DE DEUS

Amar a Deus, oh! Que coisa bela! Meu Deus! Que amaremos nós, então, se não amamos o Amor? O ser humano foi criado pelo Amor. É por isso que é tão impelido a amar. Amar a Deus de todo o coração é não amar senão a Ele, é fazê-lo presente em tudo o que nós amamos. Não podemos amar a Deus sem lhe demonstrar por nossas obras.

É preciso ser apaixonado para falar assim de Deus. E o Cura d'Ars é apaixonado por Deus! Sua lógica é a do coração, do coração seduzido pela revelação do amor de Deus. Nestas palavras, nós percebemos uma proximidade, uma experiência real de comunhão e de comunicação com o Senhor. Como um presente extraordinário que ele não pode guardar para si e que quer repartir com todos, João Maria Vianney nos entrega aquilo que o faz viver no mais profundo de si mesmo: um imenso amor por este Deus amante da humanidade.

"Amar a Deus de todo o coração é estar pronto a perder nossa vida antes que o ofender, é não amar nada que divide nosso coração", diz ele ainda. Não está aí uma linguagem do apaixonado cheio de atenção por aquele que satisfaz plenamente seu coração? Quantos jovens e adultos não terão dito, um dia, palavras semelhantes a seu (sua) bem-amado?

Aquele que encontrou o amor sabe falar dele com o coração. O amor não é um conceito teórico. É uma experiência viva e vivificante, é experiência de Deus, tal e qual a Escritura e a Tradição no-lo revelam. O Cura d'Ars fez esta experiência do amor divino ao longo de toda a sua vida e a partilhou conosco. Com ele, hoje, deixemo-nos amar.

Que é amar?

É *"perder nossa vida antes que o ofender"*. É reconhecer o outro como primeiro em nossa vida, é desejar sua alegria, sua verdadeira felicidade. O amor está além da sensibilidade. É compromisso, é dom total de si ao outro, é acolhida do dom total do outro para si. O amor único é o amor do coração, que passa pela relação, pelo conhecimento do outro, pela descoberta de sua beleza interior. É somente depois do encontro e da comunhão pela palavra que o encontro e a comunhão pelo corpo poderão acontecer, sinal de aliança total e definitiva.

É o que vivemos na comunhão eucarística: nós comungamos a Palavra do Senhor antes de comungar seu Corpo. Nosso Deus é este Deus grande e belo que vem até nós, com palavras de aliança e de vida, e que vai até derramar seu sangue em testemunho de amor pela humanidade, ainda que esta o renegue.

Deus é amor, totalmente amor. Nisto Ele é pobre diante de nossa recusa de amor. Pois, quem faz a experiência do amor num contexto de amizade ou numa relação de casal, sabe bem que o amor não se impõe, não pode obrigar. Do contrário, já não é amor. O Amor se propõe e deseja nosso sim total, para se dar plenamente ao nosso coração e à nossa vida.

Deus, para o qual nós vamos e com o qual já vivemos, não nos ama com um simples amor de cortesia, mas com um amor que o "toca nas entranhas" e o faz dizer: "Tu és o meu Filho, eu hoje te gerei" (Sl 2,7). Deus é apaixonado pelo homem. E, se abomina o pecado, é porque sabe quanto o pecado desfigura o coração e a vida de seus filhos. O homem foi feito para amar. Ele *"foi criado pelo amor e é impelido a amar"*, diz João Maria Vianney.

O pecado é, então, a recusa a entrar na lógica do amor, é recusa de Deus. Então, aquele que está no centro de tudo, Deus, é posto de lado, porque nós tomamos o seu lugar. Tomando o lugar de Deus, centramos tudo sobre nós mesmos. E é bem grande o risco de ver bem depressa em outro aquele ou aquela que vai satisfazer nosso desejo ou nossas paixões. Este risco é real para todo ser humano, seja crente, indiferente ou ateu.

"O ser humano é um pobre que necessita pedir tudo a Deus", diz o santo Cura d'Ars. Uma palavra cheia de verdade, porque, se o homem quer viver no sentido do amor, a quem senão a Deus pode ele dirigir-se para saber o que fazer? Nosso mundo propõe mil e uma maneiras de viver; mas são todas elas guiadas pelo amor e pelo respeito de uns para com os outros?

Nós não somos objetos de consumo, nem de trabalho escravo, nem exploráveis até o esgotamento. Não somos intercambiáveis como os peões de xadrez no grande jogo da vida. Cada um de nós é único, porque criado à imagem de Deus, e porque em cada um o Senhor vem fazer sua morada. É o que se expressa de uma maneira particular no batismo, com a água que nos faz nascer para a vida trinitária. No Espírito Santo nós fomos unidos ao Cristo que nos conduz ao Pai.

"Por acaso vocês não sabem que são um templo de Deus e que o Espírito de Deus habita em vocês? Se alguém destruir o templo de Deus, Deus o destruirá. Pois o templo de Deus é sagrado e esse templo são vocês" (1Cor 3,16-17). Nós somos o templo de Deus, diz o apóstolo Paulo. E é deixando Deus viver e morar neste templo que mostraremos a todos qual é o verdadeiro sentido do amor: um amor que não desfigura o outro, mas que o respeita em seu coração, em seu corpo e em seu espírito; um amor que faz o outro crescer, desabrochar, como uma flor cresce e desabrocha ao contato do sol e da água.

O amor se abre ao outro

Para João Maria Vianney, o amor de Deus não é sinônimo de intimismo solitário. É, ao contrário, abertura ao outro, através de tudo aquilo que tece a vida cotidiana. Sua própria vida de pároco dá testemunho disso. Tanto nas aulas de catequese, nas celebrações da missa ou nas confissões, como na ajuda aos padres da vizinhança, ou ainda nas visitas aos paroquianos, aos doentes ou às pessoas em trânsito, o Cura d'Ars "transpira" o amor de Deus.

Do mesmo modo que Jesus não vem para condenar mas para salvar os pecadores, assim o santo pároco transmite a todos aquilo que ele próprio recebe de Deus: seu amor misericordioso para com todo o homem pecador. Por toda a parte, ele vai viver e levar a Boa-Nova, sob o risco de ser mal recebido e de sentir-se, às vezes, desencorajado. Mas o amor de Deus é nele *"como uma torrente que transbordou e arrastou tudo em sua passagem"*. Não é a grande calmaria mortal de uma água estagnada, imagem de um deus estático, mas a impetuosidade da torrente ou da cascata, imagem de vida, de ação, de contínuo movimento interior, visível até ao exterior. O amor de Deus é igual à imagem do próprio Deus: Trindade, isto é, amor do Pai para com seu Filho único pelo Espírito, o qual o Filho acolhe, contemplando nele este Pai amoroso, e, por sua vez, dá todo o seu amor de Filho a seu Pai, pelo Espírito.

Este amor de Deus é também como um fogo purificador que mostra a cada um e nos mostra a todos o bom caminho a tomar: é a Ele que anunciamos e não a nós mesmos, é Ele que nos conduz à vida eterna e não nós mesmos. Nossa vida de cristãos é então um testemunho de amor para convidar a humanidade a deixar-se transfigurar pelo amor. Não somos somente nós que agimos, é antes Ele que age em nós e por nós, contanto que o deixemos agir! Nós somos como um canal pelo qual o Senhor revela a cada ser humano que ele é amado pelo Deus-Trindade.

"Outro dia, eu voltava de Savigneux. Os pássaros cantavam num bosque. Eu me pus a lamentar: pobres animais, disse-me a mim mesmo, o bom Deus vos criou para cantar e vós cantais. E o homem foi feito para amar o bom Deus e ele não o ama!" A preocupação da vida dos homens, segundo o Cura d'Ars, nasce da sua contemplação de Deus e da sua compreensão que todo o ser humano, sem exceção, é amado por Deus e capaz de entrar em comunhão com este Deus Amor. O ser humano, procura ele razões para viver? *"A única felicidade que temos sobre a terra,* diz João Maria Vianney, *é de amar a Deus e de saber que Deus nos ama."* O ser humano foi criado pelo Amor, eis a única resposta, a verdadeira resposta. Nós fomos criados para amar, porque criados por aquele que é Amor: Deus Trindade de Amor. Nossa vida é Deus!

Portanto, deixemo-nos amar por Deus, por este Deus Pai, Filho e Espírito, este Deus Trindade de Amor, que a Igreja anuncia há vinte séculos, um anúncio já preparado por todos os profetas de Israel.

João Maria Vianney fez a experiência do encontro interior com o Senhor e nos mostra o caminho dele. Este amor de Deus é por todos. Sem exceção. Por ti, por mim, por nós, por todo o ser humano de ontem, de hoje e de amanhã, quaisquer que sejam sua fé e sua esperança, sua história e seu meio ambiente. Basta abrir o coração ao Amor, deixar Deus entrar nele para fazer aí sua morada, como diz Jesus no Evangelho de São João: "Se alguém me ama, guardará minha palavra, e meu Pai o amará, e viremos a Ele, e faremos nele a nossa morada" (Jo 14,23). E o Cura d'Ars afirma: *"A alma não pode nutrir-se senão de Deus. Não há nada que lhe baste senão Deus. Não há nada que a possa satisfazer senão Deus. Não há nada que possa saciar sua fome senão Deus".*

O amor passa pela prática

As palavras do Cura d'Ars, que abriam nossa caminhada de oração, terminam com este pensamento: *"Não podemos amar a Deus sem lhe demonstrar por nossas obras".* Isso faz um profundo eco a esta passagem da Primeira Carta de São João: "Tenhamos amor, pois Ele nos amou primeiro. Se alguém disser que ama a Deus, mas odeia seu irmão, ele é mentiroso; quem não ama seu irmão, a quem vê, não poderia amar a Deus, a quem não vê. Sim, eis o mandamento que dele recebemos: quem ama a Deus, ame também seu irmão" (1Jo 4,19-21).

É um apelo constante ao nosso espírito que este amor ao outro seja como sinal visível de nosso amor a Deus. O Cura d'Ars o compreendeu bem e não hesitou em "investir" nos outros. Certamente, ao pensar nele, logo nos lembramos do homem da Eucaristia e da Reconciliação. Mas ele é também o homem social, aquele que não tem medo de confiar responsabilidades aos seus paroquianos e de apoiá-los em seu trabalho. Nós o descobriremos em seguida. Mas, se falamos dele desde agora, é para que em nosso espírito não se criem separações. De um lado, o amor a Deus; de outro, o amor aos outros, sendo essencial o primeiro. Não! Não acontece assim na vida cristã, e São João nos adverte com veemência.

Como cristãos, nós devemos ser praticantes do Amor. Muitas vezes, quando ouvimos a palavra "praticante", pensamos na missa do domingo. Ora, isso é cortar pelo meio nossa missão de batizados! Nós somos chamados a ser "praticantes de Deus e dos outros". Deus é a fonte de vida que nos alimenta com seu Amor, que nos inspira que obra quer realizar através de nós e nos envia aos outros. Nós somos continuamente enviados em missão aos outros, cada um conforme os próprios carismas e aquilo que o Senhor lhe pede a fazer, segundo seu plano a seu respeito. Mas nós não escolhemos entre Deus e os outros. Somos praticantes do Evangelho, sendo receptores do Amor trinitário, deixando circular em nós esta vida divina e sendo "transmissores" desse Amor àqueles e àquelas aos quais o Senhor nos envia.

"As pessoas que praticam a devoção, que se confessam e comungam, mas não fazem as obras da fé e da Caridade, são semelhantes a árvores floridas", diz João Maria Vianney. *"Vocês pensam que haverá tantos frutos quantas forem as flores... é grande a diferença!"*

Terceiro dia

A ORAÇÃO

A oração desprende nossa alma da matéria. Ela se eleva ao alto como o fogo que enche os balões. Quanto mais se reza, mais se quer rezar. É como um peixe que nada na superfície da água, mergulha em seguida e vai sempre mais adiante. O tempo não conta na oração. A oração não é outra coisa que uma união com Deus. Deus e alma são como dois pedaços de cera derretidos juntos. Não se pode separá-los. Não há coisa mais bela do que esta união de Deus com sua pequena criatura. É uma felicidade que não se pode compreender.

Tendo descoberto que o que caracteriza Deus é o Amor, como não desejar alimentar-nos desse Amor, como uma criança se alimenta do amor e da ternura de seus pais? Este amor é necessário à nossa vida, a toda vida humana. Ele nos é oferecido, nos é dado, para que possamos crescer na fé, na esperança e na caridade fraterna. Sendo assim, uma primeira pergunta nos vem à mente. Uma pergunta que João Maria Vianney ouviu muitas vezes: "Eu não sei rezar: que fazer?" Os discípulos já colocaram esta mesma questão a Jesus, depois de o ter visto rezar: "Senhor, ensina-nos a rezar" (Lc 11,1). Porque, muitas vezes, é descobrindo a veracidade e a profundidade da oração de alguém, que se deseja entrar em sua escola.

Eis a resposta do Cura d'Ars: *"Não faça nada. Não é preciso falar muito para rezar. Você sabe que o bom Deus está lá; abra seu coração a ele, sinta prazer em sua presença. Esta é a melhor oração"*. Em duas frases se disse tudo. A oração não é feita preferencialmente de palavras, mas de presença. Certeza da presença do Outro, vivida primeiro no silêncio interior, e que, em seguida, poderá eventualmente declarar-se e viver-se com palavras, a Palavra.

Não é fácil rezar sem ver aquele a quem nos dirigimos. É, portanto, o ato de fé que o próprio Jesus nos pede e nos encoraja a fazer: "Felizes aqueles que acreditaram sem ter visto" (Jo 20,29). E ainda: "E eu estarei sempre com vocês, até o fim do mundo" (Mt 28,20). Presença misteriosa e discreta do Senhor, mas bem real.

Deus está aí, presente em nosso coração, em nossa vida; do mesmo modo que nós estamos aqui, presentes em sua invisível presença. A oração é um encontro de amor entre o homem e Deus, no qual Deus é em primeiro lugar o "Bem-amado", antes de ser o Todo-Poderoso pela força que muitas vezes imaginamos. Ora, em Deus a única força toda-poderosa que existe é a do Amor.

Não um amor carrancudo, mas um amor zeloso por seu povo, um amor que não aceita ser dividido com outros deuses ou ídolos. Um amor que sabe qual é o caminho da felicidade e qual é o caminho da desgraça para seus filhos. Um amor que não se conforma em ver seu povo destruir-se, indo ao encontro de falsos amores, de falsas luzes.

Conhecer o verdadeiro Deus

O Cura d'Ars se compraz na oração. Ela é para ele *"uma doce amizade, uma familiaridade admirável"*. Ela é de tal modo o lugar de encontro com seu Deus, que Ele quer conduzir todos aqueles que estima por este caminho de vida. Porque Ele sabe e diz bem: *"O homem não é somente um animal de trabalho; é também um espírito criado à imagem de Deus"*. Ora, se ninguém mostra ao homem o caminho de Deus, o homem irá procurar Deus por toda a sorte de caminhos e, muitas vezes, correrá o risco de perder-se.

Para comprovar isso, basta ver o número de pessoas interessando-se pela astrologia, pela cartomancia, pela numerologia ou outras ciências divinatórias, como também por tudo aquilo que se refere, por exemplo, à "nova era". Tudo isso revela a necessidade religiosa que está gravada no coração do homem, necessidade de conhecer sua vida e seu futuro. Esta necessidade, esta busca de uma vida espiritual acham-se muitas vezes desviadas pelas propostas de respostas sedutoras que encontramos no mercado do religioso e do esotérico, mas que, na realidade, são falsas luzes para a vida e para a felicidade do homem.

Nossa missão de batizados está aqui também: viver, nós mesmos, o encontro com o Senhor, para ser capazes de mostrar o caminho àqueles que nos rodeiam, sejam cristãos ou não. Se cremos que "a vida eterna é conhecer a Deus e aquele que Ele enviou, Jesus Cristo (cf. Jo 17,3), por que não começar desde hoje a encontrar o Deus da vida? E por que não mostrar a todos, como um presente partilhado, este caminho para Deus, que é a oração?

Confiança

Muitas vezes nós temos medo. Temos a impressão de pouco conhecer o Senhor, de pouco conhecer a Bíblia e de não saber falar sobre Ele. É fundamental instruir-nos, compreender melhor nossa fé trinitária, para "estar sempre prontos a responder a todos os que nos pedirem explicações a respeito de nossa esperança" (cf. 1Pd 3,15). Mas é igualmente fundamental crer que a oração cristã é o lugar de uma formação garantida pelo próprio Senhor. *"Pela oração nós nos unimos a Deus"*, diz o Cura d'Ars. Fazemos a experiência interior da fidelidade de Deus a seu amor pela humanidade. Deus não é uma teoria, Ele é alguém!

Não pensemos que a oração seja reservada a uma elite, aos monges ou às monjas, por exemplo. Com João Maria Vianney, vamos perguntar a João Luís Chaffangeon, ferrador na aldeia de Ars, o que faz quando vai à igreja: "Eu o olho e Ele me olha", responde ele no dialeto da região. Expressão usada pelos camponeses, para dizer que, em olhando sua terra cultivada, eles a medem e pesam com apenas um olhar; e estimam seu preço. Expressão de Chaffangeon para significar o que é para ele o conteúdo da oração: um olhar interior para Deus, que nos permite contemplar o peso de seu Amor e de sua misericórdia para conosco. Diante de nós, o Senhor nos olha com Amor e nos conhece do jeito que somos.

Na oração, Deus não vem como um juiz, mas antes como aquele que nos toma nos braços, com todo o aconchego. Como diz o Salmo: "Estou tranquilo e sereno como criança desmamada no colo da mãe, como criança desmamada é minha alma" (Sl 130,2). Palavras tão humanas da Bíblia, que nos permitem compreender melhor quem é Deus. Nós jamais cessaremos de descobrir o Senhor e de maravilhar-nos com quem Ele é. Mas, enquanto não estivermos plenamente com Ele na eternidade, somente as palavras humanas permitem exprimir o menos mal possível quem é aquele no qual pusemos nossa fé. Aliás, o Cura d'Ars não deixava de "explicar" Deus, usando uma linguagem toda figurada, como já comprovamos.

Descobrir a proximidade do Senhor é um poderoso auxílio. Isso é mais particularmente verdadeiro nas provações por que passamos no decorrer de nossa existência. João Maria Vianney diz que *"Deus não nos perde mais de vista, como uma mãe não perde de vista seu filhinho que ensaia os primeiros passos"*. Entretanto, muitas vezes dizemos ou ouvimos dizer: "Mas o que foi que eu fiz ao bom Deus, para que me aconteça tal desgraça?" Palavra reveladora de nossa maneira de sentir o Senhor como um justiceiro vingador, ou ainda como aquele que se compraz em nos ver sofrer e em nos fazer sofrer...

O importante não é determinar as causas de nossas provações (geralmente são causas humanas). O importante é a maneira como vivemos essas provações. Aqui também o santo Cura nos ajuda, lembrando-nos, junto com toda a Igreja, que as provações são o lugar onde nossa fé se purifica por um abandono ainda mais total e confiante no Senhor. Trata-se então de vivermos as provações de doença, de pobreza, de menosprezo, de sofrimentos interiores, não nos revoltando contra Deus, mas nos apoiando pela oração no Cristo crucificado, que viveu sua paixão num último ato de confiança, apesar da impressão de abandono de seu Pai.

"As cruzes nos unem ao Senhor, diz o Cura d'Ars. *Elas nos purificam. Desapegam-nos deste mundo. Arrancam todos os obstáculos de nosso coração. Ajudam-nos a passar pela vida, como uma ponte ajuda a atravessar o rio."*

Pedi e recebereis

Na oração, nós podemos também pedir. João Maria Vianney sempre acreditou na oração de petição e na sua eficácia. Pois toda oração é acolhida favoravelmente, desde que seja movida pelo amor a Deus, aos outros ou a si mesmo. Sob a condição ainda de deixar Deus responder como achar bom. Com efeito, a maioria das vezes, nós temos a tendência de dizer a Deus o que Ele deve fazer, como deve se virar para atender nossa oração, em vez de simplesmente deixá-lo agir, depois de lhe ter apresentado nosso pedido. É por isso que, não acontecendo aquilo que esperamos, nós o exigimos do Senhor, pensando que Ele não nos atendeu.

O Cura d'Ars afirma que, se rezamos com humildade e confiança, Deus responde. Não nos esqueçamos, porém, que as respostas "sensíveis" do Senhor são da ordem dos sinais, como para confirmar sua presença no meio de nós. Pois Deus não é nenhum mágico nem um "distribuidor automático!" Muitas vezes, sua resposta é da ordem espiritual, interior: uma cura do coração, um perdão dado ou recebido, um aumento do desejo de rezar ou de ler a Bíblia...

Nós não vivemos com Deus uma relação de "toma lá, dá cá", mas uma confiança do coração, uma relação de amor. *"O homem não vive somente de pão,* diz João Maria Vianney, *ele vive de oração, vive de fé, de adoração e de Amor."*

Quarto dia

A CRUZ

Nós somos tão avessos a tudo o que nos contraria, que gostaríamos de estar sempre numa caixa de algodão. É pelo sofrimento que se vai ao céu. As doenças, as tentações, as penas são as tantas cruzes que nos conduzem ao céu. Nosso Senhor é um modelo. A cruz é a escada do céu. Como é consolador sofrer sob os olhos de Deus e, à noite, poder dizer a si mesmo: Vamos, minha alma, hoje você teve duas ou três horas de semelhança com Jesus Cristo!

A cruz é a passagem incontornável da vida cristã. Não é esta uma questão de masoquismo, mas da realidade da vida espiritual. Seguir o Cristo, comprometer-se a segui-lo é aceitar tomar o mesmo caminho que Ele tomou: "Se alguém quiser me seguir, renuncie a si mesmo, carregue sua cruz e me acompanhe!" (Mc 8,34). Pois viver como cristão não é "estar numa caixa de algodão", diz o Cura d'Ars, como se ser cristão dispensasse de todo o sofrimento, provação ou doença. É tomar um caminho que não dominamos, o da vida cotidiana com seus altos e baixos, e sobre o qual se vai delinear nossa fidelidade de vida ao Senhor.

Viver como cristão é aceitar que o sofrimento faça parte de nosso caminho cotidiano e, assim, poder "vivê-lo" e não sujeitar-se a ele. É verdade que, quando vivemos um grande sofrimento, num primeiro momento ficamos desestabilizados em relação a nossas referências, a nossos pontos de apoio habituais. O que nos parecia essencial para viver torna-se muito secundário; muda-se nossa maneira de ver as coisas da vida; aparece certa lucidez de vida. Viver o sofrimento é reconhecer nossos limites, nossas fraquezas, nossas fragilidades humanas. É fazer de tudo um caminho de conversão interior, de crescimento espiritual com o Cristo. É tomar com Ele o caminho da cruz.

Seguir o Cristo

A cruz de Cristo é a passagem obrigatória de toda a vida espiritual. Parodoxalmente, ela é caminho do Amor. Nós não podemos passar diretamente da encarnação à ressurreição. Entre ambas há a paixão, a cruz, a morte. Jesus não evitou esse momento. Na verdade, fez dele o lugar do combate e da vitória contra os poderes do mal; fez dele o sinal irreversível de seu amor pelos homens e pelo Pai, e o sinal do amor do Pai pela humanidade. A cruz é um escândalo, porque todo sofrimento é uma provação, um escândalo. Mas um escândalo a viver hoje com o Cristo e não em revolta contra Ele.

João Maria Vianney, durante toda a sua vida, conheceu a provação do sofrimento. Fosse moral ou físico, o sofrimento não lhe foi poupado. Ao contrário, ele até mesmo acrescentou mortificações como facilmente se praticavam na época. Não para sofrer mais, mas para uma maior disposição para com o Amor divino e "pelos pecadores". Era assim que ele dizia: *"De noite, eu sofro pelas almas do purgatório e, de dia, pela conversão dos pecadores. (...) Meu Deus, concedei-me a conversão de minha paróquia e eu consinto em sofrer o que quiserdes, durante todo o tempo de minha vida"*. Nestas palavras de João Maria Vianney já descobrimos um desejo de vida pelos homens por uma união total com o Senhor, pronto, ele mesmo, a passar pela experiência da cruz. O Cura d'Ars vive suas provações como uma solidariedade com os pecadores. E, pela sua própria união com o Cristo na cruz, ele deseja levar esses pecadores à descoberta da misericórdia e da ternura de Deus.

Seguir o Cristo é aceitar tomar o caminho da cruz. Tomando esse caminho, descobriremos que o anúncio do Evangelho, a prática da paz, da justiça e da verdade são tantas pedras de tropeço diante daquilo que pensam e vivem outras pessoas. É aí que começa a prova da cruz. Porque, quanto mais fiéis nos tornamos ao Cristo, mais avançamos no espinhoso caminho do testemunho de vida cristã.

Por experiência, sabemos muito bem que é difícil viver em fidelidade ao Cristo, quando diante de nós, pessoas nos contradizem ou ironizam sobre nossa fé. É então que a oração nos leva diante da cruz, aos pés do Crucificado. Jesus permaneceu, até o fim, fiel a seu Pai e ao anúncio do Reino de Deus oferecido a todo homem. Seu sim ao Pai, seu "Abbá - Pai", e a revelação de sua própria identidade de Filho, "pão de vida para o homem", levam muitos discípulos a abandoná-lo (cf. Jo 6,60-71). A sequência dos acontecimentos é rápida. Ele é preso, depois condenado. Todavia, jamais muda de caminho. Diante da calúnia, dos sofrimentos e da morte próxima, Ele permanece fiel ao seu anúncio da misericórdia de Deus para todo homem. "Eu vim para salvar os pecadores", diz ele (cf. Mt 9,13). Ele deixa esmagar sua vida, para que, através da renúncia a si mesmo pela fidelidade ao amor de seu Pai, o homem compreenda com que imenso amor é amado.

A cruz leva à superação

Pela oração e pela contemplação do Cristo na cruz, nós crescemos na fé. Assim, as provações que experimentamos não são sentidas como barreiras que nos separam de Deus, mas são vividas como um caminho de purificação do coração, levando-nos a um abandono total de nós mesmos nas mãos do Senhor. É a aceitação de nossos próprios limites e de nossas fraquezas, não para "fazer de conta", em se acomodando nelas tanto bem como mal; mas, antes, para reconhecer a grandeza do Senhor e permitir-lhe transformar nossas vidas, para fazer delas uma palavra de Deus para hoje.

A superação de nossos limites e de nossos sofrimentos passa pela aceitação da divisão que eles provocam em nós. Divisão, por exemplo, entre o trabalho a realizar e o que podemos fazer; entre o que desejamos anunciar do Cristo e o que anunciamos realmente; entre a vontade de estar em ação e a doença que nos retém no leito.

Essa superação é vivida, então, na paz interior, num abandono total de nossa vida nas mãos de Deus. Não pensemos, porém, que isso seja fácil. Às vezes, é necessária uma longa caminhada para aí chegar. João Maria Vianney mesmo o afirma, falando da doença: *"É preciso já ter chegado a certo grau de perfeição para suportar a doença com paciência"*. É necessário, no entanto, querer crescer neste sentido, mesmo se no começo nos revoltamos contra o sofrimento interior ou físico. Portanto, tenhamos coragem de viver o sofrimento em união com Cristo na cruz, pedindo-lhe que aumente a nossa fé. Ouçamos ainda o Cura d'Ars: *"Queiramos ou não, é preciso sofrer. Há os que sofrem como o bom ladrão e outros, como o mau. Ambos sofriam do mesmo modo. Um, porém, soube tornar seus sofrimentos meritórios. Aceitou--os em espírito de reparação e, colocando-se do lado de Jesus crucificado, colheu de sua boca estas belas palavras: 'Hoje estarás comigo no paraíso'"*.

O livro da cruz

A cruz de Jesus sempre causou escândalo. Crer em Jesus, sim! Mas crer que é pela cruz que fomos salvos é loucura! Deus-Amor, sim! Mas Deus morto na cruz, não! Desde o início da Igreja, os discípulos de Cristo foram injuriados pela zombaria de muitos. O apóstolo Paulo faz alusão ao fato em sua primeira carta aos Coríntios: "Nós, porém, anunciamos um Cristo crucificado, que é escândalo para os judeus e loucura para os pagãos. Mas para aqueles que são chamados, tanto judeus como gregos, Cristo é poder de Deus e sabedoria de Deus" (1Cor 1,23-24). À sua maneira, numa linguagem figurada, João Maria Vianney apresenta comparações da cruz: *"A cruz é a chave que abre a porta, a lâmpada que ilumina o céu e a terra, a escada do céu. A cruz é o mais sábio livro que se pode ler; aqueles que não conhecem este livro são ignorantes"*.

Pela cruz nós fomos libertados do pecado. Aquele pecado que é recusa de Deus e que, por isso, leva à destruição interior do ser humano. O pecado provoca em nós um afastamento do Senhor e nos fragiliza em nosso comportamento humano e espiritual. Sobre a cruz, Deus toma o pecado dos homens e o destrói. Deus é vencedor do pecado pela reconciliação que concede ao homem. "Em nome de Cristo suplicamos: reconciliem-se com Deus", diz São Paulo (2Cor 5,20b). Sob o domínio do pecado, a cruz é como a porta aberta para Deus, deixando brilhar a luz da reconciliação, que vem ressuscitar nossos corpos já marcados pela morte.

Aceitar a cruz em nossa vida é extrair dela a força para superar nossas fraquezas e, por ela, entrar na luz da vida. O remédio espiritual para os sofrimentos por que passamos não se encontra nos livros nem nas distrações, mas na cruz. É associando-nos à paixão de Cristo, unindo-nos a Ele que podemos suportar. Nós cremos que a cruz não é o fim. Ela é a "escada do céu", o caminho que conduz à ressurreição e ao encontro com o Pai. Nós cremos que o Cristo saiu vencedor do sofrimento e da morte. Pela nossa fé nele, pela nossa "configuração" com Ele, podemos viver com Ele cada dia de provação, como um combate espiritual contra o mal, com a esperança de entrar um dia na plenitude da ressurreição junto com o Cristo, "primogênito dentre os mortos" (cfr. Cl 1,18).

Quinto dia

A EUCARISTIA

Após a consagração, o bom Deus está aqui como no céu. Que beleza! Se o homem conhecesse bem este mistério, ele morreria de amor. Deus nos poupa por causa de nossa fragilidade. Quando quis dar um alimento a nossa alma, para sustentá-la durante sua vida, Deus perpassou os olhos pela criação e não encontrou nada que fosse digno dela. Então, voltou-se para si mesmo e resolveu dar-se. Ó minha alma, como você é grande, pois não há quem possa contentar você, senão Deus! O alimento da alma é o corpo e o sangue de um Deus! Oh! Que belo alimento! Se se pensa nele, há razão para se perder pela eternidade neste abismo de amor!

Para o Cura d'Ars, a Eucaristia é, antes de tudo, a experiência do encontro. Encontro com aquele que deu sua vida em alimento para a multidão; aquele que deu sua vida para que os homens tenham a vida em plenitude. Porque a Eucaristia é mais precisamente a comunhão no Corpo e no Sangue de Cristo, é um encontro com o Deus vivo, uma aliança que Ele sela conosco e nós selamos com Ele. Uma aliança sempre renovada e confirmada em cada uma de nossas iniciativas de comunhão.

A aliança total e definitiva

Na noite de Quinta-Feira Santa, quando Jesus celebra a Páscoa com seus discípulos, Ele transforma aquela ceia, que é sinal da passagem do povo hebreu da escravidão do Egito para a liberdade da Terra Prometida. Faz dela uma ceia que se torna sinal da passagem da escravidão do pecado e da morte para a liberdade da vida. No pão oferecido ao Pai do Céu e dado aos apóstolos, Jesus vem como que "guardar" toda a sua vida e todo o seu ser, para fazer deles seu Corpo, para fazer deles o sinal de sua presença. Nova e eterna Aliança, total e definitiva, que nada poderá superar, a não ser o encontro com o próprio Senhor, quando Ele vier nos tomar consigo.

A Igreja sempre reconheceu neste pão e neste vinho, oferecidos na mesa eucarística, o sinal da presença real do Cristo vivo. Para João Maria Vianney, esta fé na presença real é verdadeiramente uma experiência da

Aliança de Deus com o homem. *"Como o pensamento da Santa Presença de Deus é doce e consolador... Se tivéssemos fé, veríamos Jesus Cristo no Santíssimo Sacramento."* Sim, está ali o Cristo que espera por nós, que intercede continuamente por nós ao Pai. É uma aliança de vida que foi selada por Cristo na Eucaristia. Aliança de Deus que, longe de desanimar com nossas rupturas de aliança, vem sem cessar ao nosso encontro, para oferecer-nos seu amor, para renovar com a humanidade uma união que nada pode destruir. Na Eucaristia, Deus se deu definitivamente ao homem.

Como batizados, somos os primeiros beneficiários desta aliança de amor. Mas será que percebemos sempre este dom de Deus? *"Nós temos muita felicidade. Não o percebemos senão no céu, o que é uma pena!"*, diz o santo Cura. Com efeito, cada vez que recebemos a Eucaristia, entramos na máxima comunhão que nos é possível viver com o Senhor sobre a terra. Simplesmente porque não foi o homem que inventou a Eucaristia para unir-se a Deus; foi o próprio Deus que a deu ao homem. E é Deus que convida o homem a alimentar-se de Deus. "Não existe amor maior do que o daquele que dá sua vida por seus amigos", diz Jesus (Jo 15,13). E o maior presente que Deus nos dá é o de si mesmo. Na comunhão, é o próprio Deus que vem morar em nós.

Ele está ali!

"Ele está ali... Ele está ali!" Quantas vezes João Maria Vianney disse essas palavras, mostrando o sacrário a todos. Muitas vezes, nas pregações ou nas aulas de catequese, ele insistia sobre a Eucaristia, sobre a presença de Deus no meio de seu povo. Sua pregação levava o coração das pessoas para a presença do Senhor: *"Ele está ali, no sacramento de seu Amor"*, dizia ele. Para apoiar sua palavra, havia mandado fazer para si um pequeno púlpito, que lhe permitia ver ao mesmo tempo o Ss. Sacramento e os fiéis. O objetivo de sua pregação era chamar a atenção das pessoas para a presença eucarística. Esta convicção, bem antes de a Igreja estimular, impeliu-o a convidar os cristãos à comunhão frequente. Se a Eucaristia é realmente o dom que Deus faz de si mesmo aos homens, por que os homens se privariam dela? Do mesmo modo que nosso corpo necessita do alimento para viver, também nossa fé. O pão e o vinho consagrados são a verdadeira comida e a verdadeira bebida que nossa vida espiritual necessita.

A Palavra do Senhor é o primeiro alimento de nossa fé. Mas esta Palavra leva-nos a desejar uma aliança mais total com o Senhor. Não uma fusão em Deus, mas um encontro amoroso na alteridade das pessoas. Portanto, para nosso tempo de vida sobre a terra, o Senhor nos dá o alimento para o caminho: o Pão da Vida. "Eu sou o pão da vida. Se vocês não comerem a carne do Filho do Homem e não beberem o seu sangue, não terão a vida dentro de si. Todo aquele, que come a minha carne e bebe o meu sangue, permanece em mim e eu nele" (Jo 6,35.53.56).

Quando celebramos a Eucaristia, não vivemos senão uma relação a dois com o Senhor: Ele e eu, eu e Ele. A missa é, ao mesmo tempo, esse movimento em que o homem se abre a Deus e intercede por todos os seus irmãos; e também esse movimento em que Deus se dá em alimento ao homem. Na celebração eucarística, nós temos a oportunidade de viver uma aproximação com o Senhor. Razão suficiente para levar em nossa oração aqueles que não estão ali. Pois a celebração é uma caminhada missionária, na qual cada um de nós leva a preocupação com seus irmãos em humanidade. E, como o Cura d'Ars, quanto maior a convicção que tivermos da presença real de Deus em nossas celebrações, maior empenho teremos em tornar conhecida, aos que nos rodeiam, essa alegria do encontro com aquele que é a Vida de toda a humanidade. Porque a Eucaristia não está reservada àqueles que teriam mérito; é um dom de Deus à humanidade e, por ela, à criação.

Para exprimir a grandeza desse sacramento, João Maria Vianney esmerava na qualidade das celebrações: missas, procissões... Ele sabia que uma liturgia pode converter quem dela participa. Mas qualidade não quer dizer espetáculo com ostentação de ouro, incenso e música. Para ele, a qualidade das celebrações tem sua fonte na vida interior daquele que celebra. É por isso que se preparava para a celebração da Eucaristia durante um longo tempo de adoração. Nada nem ninguém podia interromper aquele tempo. O mesmo vale para os participantes: uma assembleia é sinal da presença de Cristo na medida em que se liga interiormente àquilo que é celebrado. Seu comportamento externo aparecerá então modificado, transformado. É especialmente pela qualidade de nossa fé e de nossas reuniões que damos testemunho. É o que, à sua maneira, o Cura d'Ars fazia notar: *"Que se pode pensar, vendo a maneira como a maior parte dos cristãos se comportam em nossas igrejas? Uns têm o pensamento em seus afazeres temporais, outros, em seus prazeres; aquele lá dorme e outro, o tempo lhe custa passar; balança-se a cabeça, boceja-se, coça--se, folheia-se um livro; procura-se saber se as santas cerimônias vão terminar logo".*

Adoração

Ser amado e amar. É o desejo mais profundo que está inscrito no coração de cada pessoa humana. Busca de amor que encontra a plenitude de sua realização na união com Deus, fonte de todo o amor. Deus é Amor e o ser humano tem sede do Deus vivo. *"A terra é muito pequena para fornecer à alma o que saciá-la: ela tem fome de Deus. Não há nada que a possa satisfazer senão Deus"*, diz João Maria Vianney.

Se a comunhão é um poderoso estimulante para nossa fé, a adoração é uma preparação para o encontro eucarístico, assim como uma extensão. Adorar o Senhor no Pão da Vida é reconhecer que Ele está ali, não somente quando o desejamos encontrar no decorrer de uma celebração, mas que está continuamente ali, nele próprio, sem necessidade de nosso desejo para existir. O Cristo é. Está presente na hóstia independentemente de nossa vontade. Sua presença é sinal da fidelidade do Pai à Aliança selada para sempre com a humanidade, na morte e na ressurreição do Filho.

Adorar o Senhor é reconhecer que Ele é o Todo-Outro, que há uma distância entre Ele e mim, uma distância que favorece a comunicação. A adoração lança nosso olhar para o Cristo, descentrando-nos de nós e do julgamento que fazemos de nós mesmos, para contemplar aquele que é a Ressurreição e a Vida. Ela elimina toda a impressão que possamos ter sobre nós mesmos. Orienta-nos para o essencial, o Cristo, Filho de Deus, que nos conduz ao Pai pelo Espírito que nos foi dado. Pois o Cristo Senhor é maior do que nós. Vindo ao seu encontro na adoração e reconhecendo-nos pecadores, nós o deixamos lançar logo sobre nós um raio de sua luz e preparar-nos para o sacramento do perdão.

"Se nosso coração nos acusa, Deus é maior que nosso coração e conhece tudo" (1Jo 3,20). Por sua presença eucarística, o Senhor lembra-nos que é o vigia, aquele que bate à porta de nosso coração e fica esperando. Unicamente de nosso sim total, verdadeiro e definitivo, dado livremente e com toda a confiança, depende nosso futuro na Aliança de amor e de misericórdia que o Senhor vem viver conosco.

Sexto dia

O PERDÃO

Se o pecador se afasta por mais tempo, este Pai cheio de ternura não cessa de persegui-lo com sua graça. Não é o pecador que volta a Deus para pedir-lhe perdão, mas é o próprio Deus que corre atrás do pecador e o faz voltar para Ele. Seu maior prazer é o de perdoar-nos... Nossas faltas são grãos de areia perto da grande montanha das misericórdias de Deus... Como é grande a bondade de Deus: seu bom coração é um oceano de misericórdia. Por isso, por maiores pecadores que possamos ser, jamais desesperemos de nossa salvação. É tão fácil salvar-se!

O perdão é a maior prova de amor e de confiança que podemos dar a qualquer pessoa que nos tenha feito mal. Amar é ir até o perdoar. Nada é mais difícil do que o perdão, porque não é esquecido. O perdão é o reconhecimento da realidade vivida e da renovação do outro pela confiança demonstrada. Pela reconciliação, o mal cometido não pode mais ser lembrado frente à menor ofensa, mas é vivido como a remessa ao passado de um fato que não terá mais influência no relacionamento atual ou futuro com o outro. O perdão concedido é como uma ressurreição vivida pelo outro e que permite um futuro comum real.

Perdoar não é dizer: "Eu perdoo você; façamos de conta que nada aconteceu"; muito menos é dizer: "Eu perdoo você, mas na próxima vez eu castigo". Viver a reconciliação é viver uma dupla caminhada. Aquele que me ofende reconhece que sua atitude compromete nosso relacionamento; e eu também reconheço que ele abriu em mim uma ferida que acarreta uma ruptura de confiança. Reconciliar-se com o outro é demonstrar-lhe que o que nos une é mais forte do que o mal cometido e que, por amor, ele está perdoado. O perdão é um ato de fé, de esperança e de confiança extraordinária no outro. É o que Deus vive conosco, cada vez que vamos receber o sacramento do Amor, o sacramento da infinita misericórdia de Deus para com cada ser humano.

Reconhecer-se amado

Reconhecer-nos pecadores, reconhecer o mal cometido, a ofensa feita ao outro é necessário. Mas, se podemos confessar nosso pecado, é porque já reconhecemos que o amor de Deus é maior do que nosso pecado. Deus é Amor, totalmente Amor. Nossa vida cristã consiste em praticar o Amor de Deus em nós e ao nosso redor. O pecado é faltar com o Amor, é desviar-nos do caminho traçado por Cristo, é não ser mais plenamente o sinal do Deus da Aliança para nossos irmãos. Concretamente, é ser marcado, por exemplo, pelo orgulho, pelo egoísmo, pela suficiência, pelo menosprezo, pela agressividade, pela vantagem... Todavia, Deus nos ama, apesar de nossos pecados. Ele é como aquele pai que espera com ansiedade a volta de seu filho pródigo e, logo que o vê, corre a abraçá-lo (cf. Lc 15,11-32). Como diz o Cura d'Ars, Deus *"corre atrás do pecador"*, não para o castigar e condenar, mas porque o ama e é uma aflição para Ele ver seus filhos se afastarem do caminho da vida.

Deus é Amor. E é diante de tanto amor oferecido, comunicado, que reconhecemos nossos pecados. Diante de tanto amor, nada pode justificar este ou aquele pecado. Nenhum argumento se mantém diante do Amor para diminuir nossa responsabilidade e nossas faltas com o amor. Pois o Amor de Deus é um amor chegado, vivido no comprometimento total, e não um amor de condescendência que nada pode conseguir. Esta proximidade é realmente significativa para a Aliança no Cristo. Deus compromete-se conosco; Ele selou com o sangue da cruz este dom total de si mesmo à humanidade, um dom de cada instante.

Deus não é somente aquele que nos criou, um dia, e que marca um encontro conosco, no final dos tempos, para fazer diante de nós a apuração de nossos pecados e decidir nossa sorte. O Deus da Aliança selada em Jesus Cristo é aquele Deus que, a cada instante, se doa ao homem para que ele viva. Porque, sem Deus, sem amor, o homem não pode viver. E, se neste caminho o homem vem a romper a aliança, Deus parte à sua procura: "Onde estás?", pergunta Ele já a Adão (Gn 3,9). Deus não se conforma com nossas rupturas de aliança. Ele não nos criou para deixar-nos ir à nossa perdição, pois sabe bem que o pecado arruina o homem. Seu maior desejo é ver-nos voltar para Ele e não mais pecar.

Não queiramos, porém, desfigurar esse amor divino, dizendo-nos: "De qualquer maneira Deus perdoa". Deus não age assim. Se Deus perdoa, é porque nos ama. Portanto, sejamos sinceros em nossos pedidos de perdão e abominemos nossos pecados. Se, porém, recairmos no pecado, não nos conformemos com isso, pois o Senhor nos conhece e nos quer maiores do que nosso pecado. Guardemos sempre, numa consciência aguçada pelo amor, que a maior prova de confiança de Deus para conosco é seu perdão.

Confessar nosso pecado

Na caminhada do sacramento de reconciliação, há o momento da acusação de nossos pecados. Isto não é o mais importante, pois o mais importante é o perdão. Mas, sem dúvida, é o momento mais difícil, porque nos faz reconhecer o que somos: pecadores. Para certas pessoas a maior dificuldade é confessar-se diante de um padre. Antes de prosseguir, ouçamos o santo Cura: *"Eu bem sei que a acusação de suas faltas custa a vocês um pequeno momento de humilhação. É mesmo verdadeiramente humilhante acusar seus pecados? O padre bem sabe mais ou menos o que vocês podem ter feito. Eu sou bem mais culpado do que vocês: não tenham medo de acusar-se..."*

O que favorece nosso relacionamento com alguém é a palavra, o gesto, o comportamento. É declarando-nos ao outro que o outro pode conhecer-nos. O fato de falar ajuda-nos de antemão a pensar melhor e a tornar coerente o que pensamos. Assim, pela palavra, nós colocamos um espaço entre o que se diz e nós mesmos. O que é expresso vem de nós e, ao mesmo tempo, já não está em nós, pois saiu de nossa boca. Assim acontece com o reconhecimento de nossos pecados. Confessá-los significa que os dominamos em nossa consciência, que os aceitamos como tais. Mas, para que possam desligar-se de nós e tomar distância de sua lembrança, é necessário fazê-los sair por meio da palavra. A palavra permite colocar nossos pecados à distância, o que o pensamento não faz. Desta forma, confessados e reconhecidos, *"no momento da absolvição o bom Deus joga nossos pecados para trás de suas costas, isto é, aniquila-os. Eles nunca mais reaparecerão,* diz João Maria Vianney. *Os pecados que ocultamos reaparecerão todos. Para fazer desaparecer nossos pecados, é preciso confessá-los"*.

Acolher o perdão

No sacramento da penitência e da reconciliação, Deus confirma seu perdão sobre nossa vida. É a ruptura desse círculo infernal do pecado, no qual muitas vezes ficamos presos. O perdão é como uma ressurreição da pessoa. É uma experiência da presença de Deus agindo no centro de nossa vida. É a renovação de nosso batismo que, um dia, nos uniu definitivamente ao Pai, ao Filho e ao Espírito Santo e que faz de nós "portadores de Deus" ao centro do mundo.

A palavra de absolvição do padre não vem dele. É em nome do Senhor que ele perdoa, em virtude da missão que a Igreja lhe confiou. Sabendo que não damos o perdão a nós mesmos, descobrimos quanto é importante ouvir o padre dizer-nos a palavra de vida. Assim como é vital expressar o que nos atrapalha no caminho de Deus, também é vital ouvir o Senhor manifestar-nos sua misericórdia pelo ministério do padre. *"Eu encarregarei meus ministros de anunciar aos homens que estou sempre pronto a recebê-los, que minha misericórdia é infinita"*, diz o Cura d'Ars, falando em nome do Senhor.

Porque Deus não é um juiz, mas um Pai que quer dar a felicidade ao homem. Seu perdão é fonte de paz, de verdade e de cura interior. É cada pessoa, em sua originalidade própria, que é amada e perdoada por Deus. Deus não nos perdoa "em geral", mas a cada um Ele quer manifestar um amor único, pois cada um é conhecido pessoalmente pelo Senhor, cada um de nós é único para Ele.

E, se nos acontece de ouvir o Cura d'Ars falar do inferno, não pensemos que seja alguma coisa ultrapassada. *"O inferno tem sua origem na bondade de Deus"*, dizia ele. Palavra que exprime como o Senhor nos ama com um respeito infinito. Pois o que é o inferno, senão a possibilidade deixada ao homem, criado livre e responsável por si mesmo, de recusar o Amor de Deus até o fim, com toda a consciência e lucidez! O inferno é o "lugar" do não-amor por excelência, *"o inferno, onde será tão duro estar separado de Deus"*, diz João Maria Vianney.

Ninguém pode afirmar se há alguém no inferno. Mas, se cremos que Deus nos ama com um amor profundamente respeitoso, querendo-nos livres e responsáveis por nossos atos, devemos dizer ao mesmo tempo que Deus não pode obrigar-nos a viver com Ele para sempre. O Amor não se impõe, ele se propõe. Mesmo correndo o risco de ser recusado.

"Eu vos amo, ó meu Deus, e não entendo o inferno senão porque lá não se terá jamais o doce consolo de vos amar."

Sétimo dia

COM MARIA

O Pai se compraz em olhar a Santíssima Virgem como a obra-prima de suas mãos. O coração desta boa Mãe é só amor e misericórdia. Ela não deseja outra coisa senão ver-nos felizes. Basta somente dirigir-se a ela para ser atendido. Quanto mais pecadores somos, mais ternura e compaixão ela tem por nós. Não se entra numa casa sem falar com o porteiro. Pois bem: a Santíssima Virgem é a porteira do céu.

"Eu a amei antes mesmo de conhecê-la. É o meu mais antigo amor", diz o Cura d'Ars. É verdade que, observando a vida de João Maria Vianney, percebe-se logo a presença de Maria a seu lado. Do começo ao fim ela está lá, discreta, mas presente em seu coração.

Discreta presença

Como nos Evangelhos, a presença de Maria é como que apagada na vida do Cura d'Ars. Ela é companheira, guia para o Senhor, mas nunca toma o primeiro lugar. Nos Evangelhos, ela está lá, presente nos momentos importantes: na anunciação, na visitação, no nascimento, em Caná, na cruz, na ressurreição. Em cada ocasião, ela é "educadora" de nossa fé, com seu comportamento ou com suas palavras. Seu sim contínuo e confiante à vontade do Pai é um ensinamento, um apoio, um encorajamento para o discípulo de ontem e de hoje. Em poucas palavras, em poucos gestos, ela nos ensina o essencial. Ela simplesmente nos conduz a seu Filho. Nada centraliza a atenção sobre ela. Mas, por ela, nosso olhar e nosso comportamento estão bem orientados para o Senhor.

A respeito de aparições, com que o Cura d'Ars teria sido favorecido, ele permaneceu discreto. Nunca negou, mas nada mais disse sobre o assunto. A exemplo da Mãe de Deus, ele prefere falar do Senhor do que de si mesmo. Um procedimento que é toda uma lição para nós. Porque a única glória que devemos buscar é a do Senhor e não a nossa, por qualquer meio que seja.

Em compensação, João Maria Vianney fala-nos da Virgem Maria com muita confiança. Fala dela como de alguém que ele conhece bem e a apresenta como alguém que está perto da

Trindade: *"As três Pessoas divinas contemplam a Santíssima Virgem"*, diz ele. Afinal, ela é aquela a quem se pode pedir tudo. *"Quando nossas mãos tocam perfumes, elas perfumam tudo o que tocam. Façamos nossas orações passarem pelas mãos da Santíssima Virgem. Ela as perfumará!"*

A Imaculada Conceição

A respeito da proclamação do dogma da Imaculada Conceição, em 1854, João Maria Vianney declara: *"Que felicidade! Eu sempre pensei que faltava este raio para o esplendor das verdades católicas. É uma lacuna que não podia permanecer na religião"*. Muito tempo antes, ele gostava de falar de Maria concebida sem pecado. Em 1^0 de maio de 1836, quase vinte anos antes da proclamação do dogma pontifício, ele fez uma consagração de toda a paróquia a Maria concebida sem pecado.

Maria é a toda pura, a "cheia de graça", segundo a palavra do anjo no dia da anunciação (Lc 1,28). Nela, nenhuma mancha do pecado, e isso por pura graça do Senhor. Logo no primeiro instante de sua concepção, Maria já é revestida da plenitude do Espírito Santo. Isso não significa um "confinamento" da Virgem no meio do mundo pecador, mas antes uma preparação da maternidade que um dia lhe será proposta.

Maria não se torna menos livre por isso. Ao contrário, pois a liberdade é a capacidade interior que o ser humano tem de escolher o que é bom para si, em referência à filiação divina, e assim responder positivamente à vontade de Deus. O fundamento da liberdade é dizer sim ao Amor. E este fundamento tem sua origem no coração do homem e nas normas de vida das sociedades.

A concepção imaculada de Maria não a dispensou de toda provação. Como nós, ela passou momentos de luta e até mesmo de tentações. Assim se lê em Marcos: "Chegaram então sua mãe e seus irmãos e, ficando do lado de fora, mandaram chamá-lo. Uma multidão estava sentada em volta dele, e lhe disseram: 'A tua mãe, teus irmãos e tuas irmãs estão lá fora, à tua procura'. Ele respondeu-lhes: 'Quem é minha mãe e quem são meus irmãos?' E, passando os olhos pelos que estavam sentados à sua volta, disse: 'Eis aqui minha mãe e meus irmãos. Todo aquele que faz a vontade de Deus, esse é para mim irmão, irmã e mãe'" (Mc 3,31-35). Passagem difícil de ser vivida por Maria, que por um instante se interroga sobre seu Filho. Mas, se há tentação de prender Jesus, não há pecado. E o Filho conduz sua mãe ao primeiro passo da missão dela: o sim total a Deus. Ela é plenamente sua mãe porque faz a vontade de Deus. Quando tivermos dificuldade de discernir a vontade do

Senhor sobre nossa vida, peçamos à Virgem que nos ajude e nos conduza à verdade total.

Maria, Mãe da Igreja

Maria é um dom de Deus à Igreja. Ela nos foi dada como aquela que, conosco e por nós, intercede junto a seu Filho. Assim, em Caná, ela age como intermediária entre os garçons da festa de casamento e Jesus. Ela está lá, presente. Poucas palavras são necessárias. Nenhum discurso em sua boca.

Junto à cruz, ela não fala. É Jesus que, em poucas palavras, dá sua Mãe à Igreja, na pessoa do apóstolo João. O Cura d'Ars comenta esta passagem dizendo: *"Jesus Cristo, depois de nos ter dado tudo que nos podia dar, quer ainda fazer-nos herdeiros do que Ele tem de mais precioso: sua Santa Mãe"*.

Os apóstolos são as colunas da Igreja de Cristo, sendo Ele próprio a pedra angular. Sobre eles assenta-se o anúncio da Boa--Nova da ressurreição. Sobre eles edifica-se a Igreja, povo de Deus, Corpo de Cristo e Templo do Espírito. João é o discípulo "amado". É também aquele que ficou até o fim perto de Jesus, em sua paixão e morte na cruz. Do mesmo modo, Maria, sempre discreta, está lá com João. É então que Jesus diz: "Mulher, eis aí teu filho". Depois diz ao discípulo: "Eis aí tua mãe" (Jo19,26.27).

Trata-se ali bem mais do que de uma simples preocupação de assegurar um futuro material para Maria. Estamos diante de um dom espiritual. Aquela que recebeu o Verbo de Deus em seu seio recebe agora o Corpo de seu Filho, a Igreja. E o apóstolo João, símbolo da Igreja nascente, recebe Maria como um bem muito precioso, como Mãe de Deus.

Maria não é a "quarta pessoa da Trindade" nem aquela que se interpõe entre Deus e a humanidade. Nós não adoramos Maria, mas podemos rezar para ela, porque é aquela que diz sim a Deus e nos ensina a dizer sim; é aquela que deixa Deus realizar sua obra nela e nos ensina a deixar Deus realizar sua obra em nós; é aquela que conhece tão bem a Deus, que nos ensina, por sua vida, a desejarmos fazer de nossa vida um "eu vos amo" ao Senhor. Ela é Mãe de Deus, porque Jesus é Deus, Filho único do Pai.

João Maria Vianney dizia: *"Eu penso que no fim do mundo a Virgem Maria estará bem tranquila; mas, enquanto o mundo existir, ela é solicitada de todos lados..."* É verdade. Até o fim dos tempos, podemos dirigir nossa oração ao Senhor através dela e pedir a ela que interceda por nós, pois necessitamos a oração de uns pelos outros para crescer na fé. E isso, muito particularmente, quando as provações nos atingem. Que Maria, de pé junto à cruz, nos ajude a viver nossas cruzes na fé. "Santa Maria, Mãe de Deus, rogai por nós, pobres pecadores..."

oitavo dia

A PARTILHA COMUNITÁRIA

O Espírito Santo é nosso guia. O homem não é nada por si mesmo, mas é muito com o Espírito Santo. O homem é todo terrestre e todo animal. Somente o Espírito Santo pode erguer sua alma e levá-la ao alto. Aqueles que são guiados pelo Espírito Santo têm ideias certas. Eis por que há tantos ignorantes que são mais bem informados do que os sábios.

João Maria Vianney não hesitou partilhar com seus próximos aquilo que vivia com o Senhor e o que entendia da ação de Deus ao seu redor. Isso mais particularmente com seu vigário, com os missionários e com os irmãos da Sagrada Família de Belley, que o acompanharam no seu ministério em Ars, nos últimos anos de sua vida.

Uma partilha no Espírito Santo, porque, sem o Espírito, não podemos perceber Deus agindo em nós e ao nosso redor. *"Só o Espírito pode erguer nossa alma e levá-la ao alto."* O Espírito abre-nos para Deus, *"aumenta nossa visão como as lunetas que ampliam os objetos"*, explica o Cura d'Ars.

Como os primeiros cristãos

Nas conversas, com muita facilidade nós partilhamos com os outros o que vivemos, nossas impressões sobre um ou outro acontecimento. De certa forma, nós nos comunicamos. A partilha no Espírito Santo, ou partilha comunitária, consiste em dizer àqueles que encontramos não somente o que vivemos, mas principalmente como sentimos Deus presente através de um ou outro acontecimento de nossa vida. É o que o Cura d'Ars vivia, cada vez que falava de seus encontros com os paroquianos, com os peregrinos, ou ainda a respeito da Casa da Providência. Uma maneira de partilhar que encontramos já nos Atos dos Apóstolos: "Ao chegar, reuniram a Igreja e contaram tudo o que Deus tinha realizado com eles e como tinha aberto aos pagãos a porta da fé" (At 14,27).

É o Espírito que nos ajuda a discernir e a testemunhar tudo o que Deus faz por nós. O que as primeiras comunidades cristãs viveram não é coisa do passado. Naquela experiência de partilha há um apelo lançado à Igreja de todos os tempos. Com efeito, o que faz crescer a fé não é somente o conhecimento das Escrituras e a experiência pessoal de Deus. É também a partilha do que uns e outros vivemos com o Senhor e como o vemos agir. Este tipo de partilha nos faz descobrir que Deus age não somente através de uma determinada pessoa, mas também através de cada um de nós, às vezes de maneira bem diferente, mas jamais oposta.

O Espírito Santo é dado a todos. No Livro dos Atos, vemos que Ele até se adianta aos apóstolos no seu anúncio do Evangelho. É o caso do episódio de Pedro na casa do centurião Cornélio (At 10), em que este último é tomado pelo Espírito antes mesmo de ter recebido o batismo. Mas é o final deste episódio que nos interessa, no quadro de nossa jornada de oração sobre o tema da partilha comunitária: é pela partilha do que Pedro viveu e como viu Deus agir, que a comunidade de Jerusalém reconhece que Deus realmente agiu e, por sua vez, dá graças ao Senhor. "Essas palavras os acalmaram [de suas críticas] e eles glorificaram a Deus, dizendo: 'Assim, pois, também aos pagãos Deus concedeu o arrependimento que conduz à vida'" (At 11,18).

Deus está presente
no centro de nossas vidas

"*Aqueles que são guiados pelo Espírito Santo têm ideias certas*", diz o Cura d'Ars. Aquele que nos ajuda a "ver" Deus presente no meio de nós é mesmo o Espírito de Deus. Então precisa desejar ser habitado pelo Espírito Santo! Às vezes, temos ideias tão preconceituosas sobre Deus e sobre sua maneira de agir, que dificilmente o percebemos agir hoje em nós, junto de nós ou através dos outros. É o que diz João Maria Vianney, do seu jeito, quando fala dos ignorantes e dos sábios. É também o que diz Jesus, depois de ter ouvido os setenta e dois discípulos lhe contarem, cheios de alegria, o que fizeram em seu nome: "Eu vos bendigo, ó Pai, Senhor do céu e da terra, porque estas coisas que escondestes aos sábios e entendidos, vós as revelastes à gente simples" (Lc 10,21).

A alegria de Cristo vem logo depois da partilha de vida que os discípulos fazem. É sob a ação do Espírito Santo que ele se enche de alegria e proclama esta oração de louvor. É assim de toda a partilha comunitária que podemos viver em Igreja.

Contar-nos uns aos outros como vemos o Senhor agir hoje em nós, através de nós e ao redor de nós é reanimar a nossa fé. É também maravilhar-nos com a ação de Deus pelo Espírito Santo, uma ação de múltiplas expressões. Partilhar assim ajuda-nos igualmente a não "esconder" Deus só para o nosso olhar, a não reduzi-lo àquilo que somos. Deus é muito maior do que nós. Experimentamos esta realidade cada vez que partilhamos fraternalmente esses acontecimentos em que vemos o Senhor agir. É então para todos uma fonte de louvor e de alegria.

Partilha e oração

Para se dar conta da presença de Deus agindo nele, através dele e ao redor dele, o Cura d'Ars não tem técnica especial. Simplesmente ele reza e convida-nos a rezar: *"Seria preciso dizer a cada manhã: meu Deus, enviai-me vosso Espírito; que Ele me faça conhecer quem sou eu e quem sois vós"*.

É tendo os olhos e o coração voltados para o Senhor que, pouco a pouco, podemos aprender a "reproduzir" em nosso mundo e em nossa vida os sinais de sua presença. Pois a verdadeira oração não é uma fuga do mundo, mas nos leva a ver Deus no mundo. O mundo não é para ser rejeitado, mas para ser amado, porque Deus é o primeiro a amá-lo e quer conduzi-lo ao seu desenvolvimento, pela aliança de vida eterna. Se o pecado está no mundo, não é por isso que temos de fugir do mundo, pois o pecado passa por nós. E quanto mais verdadeiramente rezarmos ao Senhor, tanto mais aprendemos a vê-lo presente hoje e, ao mesmo tempo, mais descobrimos como às vezes estamos longe de viver conforme sua vontade. Longe de levar-nos ao orgulho e à sensação de já haver chegado ao céu, a oração e a partilha comunitária ensinam-nos a humildade e a pobreza de coração.

Assim, encontrar o Senhor na oração e ver os sinais de sua presença em nosso mundo chama-nos ao encantamento do coração. Nós, que somos tão pequenos diante de Deus, nosso Pai, ("Que coisa é o pobre homem, para dele te lembrares?", diz o Salmo 8), em Cristo nos tornamos seus filhos adotivos (cf. Rm 8,15 e Ef 1,5).

A partilha comunitária faz-nos crescer na fé e ensina-nos a falar de Deus àqueles e àquelas com os quais caminhamos. Esta afirmação é comprometedora, porque por ela nós "revelamos Deus" aos outros. Peçamos ao Senhor que nos mostre sinais de sua presença e nos ensine a viver verdadeiras partilhas comunitárias. Não para "preencher a vida", mas para arriscar uma palavra, a do testemunho, e assim crescer uns com os outros na fé em Deus vivo e operante.

Nono dia

ACOLHIDA DO OUTRO

Há aqueles que dizem aos pobres que parecem ter saúde: "Você é bem preguiçoso. Bem que poderia trabalhar. Você é jovem. Tem bons braços". Vocês não sabem se não é este o momento escolhido por Deus para que esse pobre lhes venha pedir seu pão. Assim vocês se expõem a murmurar contra a vontade de Deus. Há os que dizem: "Oh! Ele vai usar mal!" Que ele use como quiser! O pobre será julgado pelo uso que fizer da esmola de vocês. E vocês... vocês serão julgados pela mesma esmola que poderiam ter dado e não deram.

Em toda a vida de João Maria Vianney, do seu nascimento até à morte, os pobres têm um lugar especial. Já na casa da família eles tinham uma acolhida privilegiada. A família Vianney era conhecida por sua maneira de acolher e por sua prática da caridade. Acontecia de haver mais de dez pobres de uma só vez ao redor da sopa familiar. E, se a sopa viesse a faltar, o papai Vianney passava sem ela. As dependências do sítio serviam também de alojamento para a noite. "Eles alojavam normalmente um grande número deles, até vinte de uma vez", escreve Catarina Lassagne, citando o santo Cura.

Sabendo disso, não nos surpreendemos ao ouvir o Cura d'Ars falar-nos de atenção para com os necessitados e de vê-lo exercer pessoalmente, com muito amor, o "ministério do mais pobre". Mas, se ele o exerce, não é simplesmente porque desde criança via seus pais agirem assim; é porque existe aí um apelo evangélico premente. Nosso amor a Deus se traduz por nosso amor concreto aos irmãos, especialmente aos mais necessitados. Um amor vivido sem alarde, no íntimo do coração: "Você, ao contrário, ao dar esmola, não deixe sua mão esquerda saber o que a direita fez, para que assim sua esmola se faça em segredo, e seu Pai, que conhece todo segredo, lhe dará a recompensa" (Mt 6,3-4).

Deus no pobre

"Nunca devemos desprezar os pobres, porque esse desprezo recai sobre Deus", diz

o Cura d'Ars. *"Muitas vezes pensamos estar ajudando um pobre e acontece que é Nosso Senhor."* Fiel à Bíblia e à Tradição da Igreja, João Maria Vianney faz uma ligação muito forte entre Deus e o pobre. Deus é sempre visto como sendo aquele que está junto do pequeno, do pobre, do fraco, do oprimido. Porque em cada pessoa humana Deus está presente. E deixar um pequeno de lado é deixar Deus de lado. O pequeno é aquele que mais particularmente tem necessidade de nós para viver.

Por isso, no Evangelho de Marcos, vemos Jesus censurar duramente os fariseus e outros juízes que, por sua lei, autorizam o homem a não ajudar seus pais em necessidade: "Mas vocês dizem: 'Se alguém disser ao pai ou à mãe: Eu declaro corban (isto é, oferta sagrada) os bens com que eu poderia sustentá-los', vocês já não o deixam fazer nada pelo pai ou pela mãe; e assim anulam a palavra de Deus pela tradição que vocês transmitem" (Mc 7,11-13). Afastar-se daquele ou daquela que está em necessidade, para preferir a Deus, na verdade é afastar-se do Senhor.

É o que nos mostra o Cura d'Ars: *"Vocês têm vontade de orar ao bom Deus, de passar seu dia na igreja; mas se lembram que seria bem útil ajudar alguns pobres que conhecem e que estão em grande necessidade: isto é bem mais agradável a Deus do que o seu dia passado diante dos santos tabernáculos".*

Todos os dias nós nos deparamos com pobres de toda a sorte. Muitas vezes nos perguntamos como agir. João Maria Vianney ensina-nos a não sondar a razão que levou essas pessoas a estarem nesta condição. Por outro lado, que não ouçamos dizer sobre desempregados, por exemplo, a mesma palavra que o Cura d'Ars reprova: "Você é preguiçoso. Bem que poderia trabalhar. Você é jovem". Não devemos julgar, mas ajudar. Uma ajuda a curto prazo, para atender a uma necessidade imediata, às vezes necessária; e uma ajuda a longo prazo, para uma educação dos homens e das sociedades.

A "Providência" de Ars

João Maria Vianney viveu a acolhida do outro de uma maneira toda particular com as meninas de Ars e da região. Planejada primeiro como escola gratuita, a casa da "Providência" torna-se também um orfanato para as meninas abandonadas das aldeias circunvizinhas. Sua preocupação com a educação das adolescentes é uma forma concreta de amor e de ajuda ao mais pobre, porque a educação ajuda a pessoa humana a ter consciência de sua própria dignidade e a não se deixar explorar em sua vida e em seu trabalho.

Acolhendo as meninas e, mais tarde, mantendo a abertura e o funcionamento de uma escola gratuita para os meninos, o Cura d'Ars trabalha a longo prazo. Ele sabe que essas crianças serão um dia pais e mães de famílias, que terão de criar e educar, humana e espiritualmente, seus filhos. Pois o primeiro lugar de educação para a vida se vivencia no seio da família. Os pais são os primeiros educadores de seus filhos. É, portanto, pela escola e pela catequese que João Maria Vianney forma as crianças e os adolescentes para suas futuras responsabilidades de pais.

A consciência de nossa filiação ao Pai, por Cristo Jesus, e de nossa missão de batizados vivida no Espírito Santo, estimula-nos no amor ao outro. Ajuda-nos a fazer tudo, para que ninguém se encontre um dia à margem da vida, seja pela falta de afeto e de presença dos pais, seja pela falta de educação, pela falta de alimentação, pela falta de paz civil ou militar etc. É uma missão que nos cabe cumprir juntos, na Igreja.

Viver pessoalmente a acolhida do outro não é fácil, nunca é fácil. Para isso, é preciso aceitar uma forma de renúncia a si mesmo, ao "cada um por si" que nos segue a todos, ao longo de toda a nossa vida. Renunciar-se a si mesmo não quer dizer "sacrificar-se" pelos outros, reprimindo em nós tudo o que possa ser sentimento, desejo, aspiração ou apelo pessoal. Pois agir assim é destruir-se; é correr o enorme risco de tudo investir afetivamente no outro, a ponto de sufocá-lo, de lhe não permitir ser ele mesmo; do mesmo modo, podemos esperar em troca uma "recompensa" pelo "sacrifício" de nossa vida feito pelo outro.

O amor ao outro é verdadeiro na medida em que existe primeiro o amor a si. "Amarás o teu próximo como a ti mesmo", diz Jesus (Mc 12,31). Não esqueçamos a segunda parte da frase: Quanto "melhor nos sentimos em nossa pele", amando-nos do jeito que somos e com nossas limitações (o que é diferente de nossos pecados), maior capacidade temos em nós de amar os outros, todos os outros. O verdadeiro sacrifício é dom, oferta de si por amor ao outro. E, em primeiro lugar, uma oferta de si ao Senhor. É o amor que dirige o ato de oferta e não uma "necessidade de sacrificar-se porque a religião o pede", como às vezes nos acontece ouvir.

Acolhida aos inimigos

O Cura d'Ars quis amar todo o mundo, sem exceção, inclusive as pessoas da aldeia, que o queriam ali, e das quais como pároco ele tinha o cuidado pastoral. Inclusive também os confrades padres, que não compreendiam seu modo de exercer o ministério. Críticas, humilhações, ciúmes e oposições não o pouparam. *"Não é a austeridade que me abate"*, diz ele. *"A calúnia é igualmente dolorosa."*

Nós mesmos não experimentamos, às vezes, agressões diretas ou indiretas, vindas de colegas de trabalho ou de estudos, de vizinhos, de nossos próprios amigos ou parentes? Na medida em que essas oposições e essas críticas são realmente injustas, nós somos tentados a desanimar. Olhemos o Cura d'Ars. Sua maneira de ser torna-se então para nós um verdadeiro ensinamento, bebido na oração diante do Senhor: *"Eles não acreditam estar fazendo o mal"*, diz ele. *"Eu redobrei cortesias e amabilidades para com eles e dei esmolas maiores àqueles que eu costumava ajudar"*. E esta outra frase: *"Ele falou muito mal de mim; e eu rezei muito ao bom Deus por ele. Eu devia cuidar dele"*.

Com João Maria Vianney contemplemos o Cristo na cruz, o Justo condenado: "Pai, perdoai-lhes, porque não sabem o que fazem" (Lc 23,34). No Calvário, Jesus põe em prática seu próprio ensinamento sobre ao amor aos inimigos. Releiamos juntos esta página conhecida do Evangelho, muitas vezes difícil de viver no dia a dia: "Vocês sabem o que foi dito: Ame a seu próximo e não é preciso amar o inimigo. Mas eu lhes digo: Amem a seus inimigos, façam o bem aos que os odeiam e rezem pelos que os perseguem e maltratam, para serem filhos do seu Pai que está nos céus" (Mt 5,43-45).

Como o Cura d'Ars, é da oração que tiraremos a força para resistir diante das provações. Mas, antes de tudo, perguntemos ao Senhor e esclareçamos com alguém que nos possa aconselhar se aquilo de que nos acusam é justo ou falso. Pois pode acontecer que nem sempre andemos com bom senso no caminho do Evangelho.

Se o Senhor nos confirma realmente em nossa fidelidade de vida evangélica, então podemos integrar essas provações num caminho de vida espiritual, levando-nos a um abandono ainda mais total de nós mesmos nas mãos do Salvador. Esse caminho pode passar por uma "noite da fé"; mas tenhamos certeza que, se para nós é o deserto espiritual, não estamos sozinhos. Deus está ali, mesmo que seja noite.

Décimo dia

O LUGAR DOS LEIGOS

O meio mais seguro para acender o fogo do amor de nosso Senhor no coração dos fiéis é explicar-lhes o Evangelho, este livro de amor em que nosso Salvador se mostra em cada linha, na amabilidade de sua doçura, de sua paciência, de sua humildade, sempre o consolador e amigo do homem, não lhe falando senão de amor e convidando-o a dar-se inteiramente a Ele, e a não retribuir-lhe senão com amor.

É pela "vontade de Deus", pelo sentido e pelo gosto da oração, desenvolvidos no coração de alguns homens e mulheres da aldeia, que João Maria Vianney começa sua missão junto aos leigos. É sobre esses fundamentos espirituais que ele desenvolverá em seguida toda uma pastoral, visando colocar o maior número possível de pessoas em responsabilidade paroquial, tanto no plano material como no espiritual.

O lugar dos leigos, na vida paroquial de Ars, não é uma simples divisão de responsabilidades entre pessoas de boa vontade. É uma verdadeira missão confiada pelo Cura a esta ou àquela pessoa, após escolha; missão que vai permitir atender, como por tabela, a todos os paroquianos de Ars.

Pastoral espiritual

Nossa missão de batizados tem suas raízes na contemplação do Senhor. É a base, o fundamento de toda a vida apostólica. Não podemos anunciar Jesus Cristo, morto e ressuscitado, se não nos preocupamos em ir à fonte, em "encontrá-lo", a ele, em quem colocamos nossa fé e nossa esperança. Se, como cristãos, estamos comprometidos com uma ação de justiça social, de ajuda caritativa, de apoio escolar, de abolição da tortura humana, de desenvolvimento de meios de autoprodução para pequenos agricultores de países pobres, ou ainda de catequese, de animação litúrgica, de preparação para o casamento ou de administração paroquial... é de Deus Trinitário que recebemos a força para agir.

A vida cristã não consiste em pôr em prática uma ideologia; é a consequência prática de nosso amor por uma pessoa: Jesus Cristo, Filho de Deus Salvador, morto e ressuscitado, no qual permanecemos e que permanece em nós com o Pai, pelo Espírito Santo. É o que diz Festus ao rei Agripa (nos Atos dos Apóstolos), quando explica por que Paulo está na prisão em Cesareia: "Em sua presença os acusadores não apresentaram nenhuma queixa referente a crimes de que eu suspeitava. Tinham somente certas contestações sobre sua religião e sobre um certo Jesus, já morto, e que Paulo afirma estar vivo" (At 25,18-19).

Seja qual for o caminho que favoreceu nosso encontro amoroso com o Senhor, somos impelidos a pôr nossa fé e nossa esperança em Deus Trindade de Amor, que é Pai, Filho e Espírito.

Mas a fé sem as obras é uma fé "morta", como diz a Carta de São Tiago: "O homem é justificado por Deus pelas obras que realiza e não unicamente pela fé que tem" (cf. Tg 2,24). É por isso que, depois de ter fundado sua pastoral sobre a qualidade de vida espiritual de seus paroquianos, o Cura d'Ars vai convocar alguns dentre eles para verdadeiras missões de evangelização, através da educação das crianças.

Pastoral educativa

Embora nada facilitasse o empreendimento, muito particularmente do lado financeiro, João Maria Vianney decide a abertura de uma escola gratuita para as meninas, a "Providência". Sempre com a preocupação de educar, humana e espiritualmente, as crianças. Depois de ter analisado bem e tendo a intuição que a evangelização das moças da região se fará através de moças do lugar (esta será mais tarde a intuição da Ação Católica), ele convoca duas moças de Ars para esta missão de educação e as envia a Fareins, para se formarem com as Irmãs de São José de Lyon. É com essas moças da aldeia que ele vai educar as crianças da Providência.

Sabemos que não foi fácil administrar tudo, mas a educação e o catecismo eram dados. Mais tarde ele dirá: *"Reprovavam-se muitas coisas na minha Providência. As crianças, diziam, eram mal alimentadas e, por isso, Deus fazia milagres por elas; e nunca lhes faltou nada"*. O que é verdade!

O Cura d'Ars fará o mesmo pela escola de rapazes. Enviará um jovem a se preparar durante três anos, antes de voltar à aldeia como instrutor. Aí também ele quererá uma escola gratuita e não hesitará financiar, durante algum tempo, com seus próprios recursos.

A oração para realizar a obra de Deus, uma seleção de pessoas, a preocupação de uma formação adequada às pessoas após uma missão confiada: tal é a maneira de agir do Cura d'Ars com vários de seus paroquianos. Nós mesmos, na Igreja hoje, temos de viver esta experiência. Pois Deus chama cada um a cumprir uma missão específica. Nem todos são necessariamente competentes em tudo; e, se ninguém é indispensável, nem todos podem substituir quem quer que seja.

Devemos levar em conta o fato que o Senhor vê os corações e que só nossos critérios de escolha, por mais indispensáveis que sejam, não desobrigam aqueles que "chamam" a orar primeiro. Do mesmo modo, aqueles que se sentem "chamados" não estão dispensados de orar ao Senhor, para verificar se é sua vontade que respondam sim. Pois a vida e a missão na Igreja não são da ordem do "poder a exercer", mas do "serviço a prestar", para conduzir cada um e todos ao amor a Deus e aos irmãos.

Pelo modo como exercemos nossa missão de batizados, nós testemunhamos junto a nossos irmãos quem é Deus. Por nossas palavras e ações, nós somos educadores dos outros, embora nem sempre tenhamos consciência disso. Somente a vida espiritual nos ajuda a "praticar" nosso batismo e nossa missão na Igreja conforme a vontade de Deus. Não corramos o risco de andar para trás no caminho da missão cristã, em nos apoiando só em nossas ideias e qualidades, por melhores que sejam. O Senhor também tem sua palavra a dizer.

Pastoral de serviço

Com a "pastoral espiritual" do Cura d'Ars e sua própria vida espiritual produzindo frutos, os peregrinos começam a afluir. Também aí João Maria Vianney coloca a paróquia na "parada" para a acolhida das multidões. Ele convoca dois homens, encarregando um de abrir uma hospedaria para os peregrinos e outro de garantir os transportes entre Lyon e Ars. Missões bem concretas, bem materiais, mas tornadas necessárias à vida da aldeia.

As iniciativas pastorais para chamar os leigos da paróquia à responsabilidade são bem mais numerosas do que as citadas aqui. Mas estas são apresentadas, para mostrar-nos até que ponto o Cura d'Ars pode incentivar-nos a abrir os olhos para o que se vive hoje e a ousar tomar iniciativas para nosso tempo, depois de orar e discernir a vontade do Senhor.

Toda a sua pastoral estava orientada para uma pessoa: o Cristo. Por todos os meios e sem forçar as pessoas, ele procurou mostrar a face de Deus aos homens. Uma face de Deus que quer a felicidade do homem, que está atenta ao homem. Uma face de Deus que reconcilia o homem pecador com o Amor e lhe traz a paz interior.

O Cura d'Ars não descuidou de nada para anunciar a Boa-Nova. Ele não hesitou em "meter a mão na massa", fosse para colher o trigo com os paroquianos agricultores, fosse para levantar os muros das capelas da igreja com os pedreiros da aldeia, ou até mesmo para limpar os banheiros da casa da Providência.

O Filho de Deus se fez homem para conduzir o homem a Deus Pai. Por seu ministério, o santo Cura hoje nos ensina a viver perto das pessoas, não para nos perdermos no meio delas, mas, por esta aproximação, tocar os mais afastados da Igreja. Em Jesus Cristo Deus se encarnou. A vida dos homens conta para Deus, porque através dela Deus fala aos homens. É por isso que nossa vida cristã é passível de ser palavra de Deus para o homem hoje, se alimentamos nossa vida com o Amor de Deus, na contemplação.

O lugar dos leigos na Igreja não se obtém através de um combate a travar contra a hierarquia. É pelo desejo de uns e de outros de realizar a obra de Deus, que a complementaridade dos ministérios será vivida. Ainda é preciso concordar em dizer um sim total ao Senhor, com a vontade de deixá-lo falar em nós, de permitir que Ele nos inspire o que quer fazer por nosso intermédio e acreditar que por seu Espírito Ele pode também falar ao coração do outro. Viver em Igreja é olhar junto na mesma direção, a direção de Deus. É aceitar que o Espírito fale ao coração de cada um e não somente de alguns. Isto é verdadeiro nos dois sentidos: leigos com a hierarquia na Igreja e hierarquia com os leigos na Igreja.

Décimo primeiro dia

VIVER EM IGREJA

Na unidade do Amor de Deus estão reunidos os corações dos cristãos, e esta unidade é o céu. Como é belo!
 Ó bela união da Igreja da terra com a Igreja do céu!
 O cristão perfeito é aquele homem ou aquela mulher que une todos os seus atos, todos os seus sofrimentos e todos os batimentos de seu coração aos méritos da Igreja inteira... É mais ou menos como aquele que junta um monte de palha e põe fogo: a labareda sobe bem alto e faz um braseiro. Ainda que se ponha fogo só numa palha, ele se espalha rapidamente.

O Cura d'Ars pouco falou da Igreja. Em compensação, ele viveu em união muito forte com ela, tanto a Igreja-comunhão como a Igreja-instituição. O vínculo com a Igreja começa com a própria fé partilhada e vivida. Fé em Deus Pai, Deus Filho e Deus Espírito. Fé em Deus Trindade de Amor, proclamada oportuna e inoportunamente, desde a primeira comunidade cristã até nossos dias. Fé em Deus e comunhão entre cristãos: esta é a Igreja.

As divisões vividas entre cristãos, no decorrer dos séculos, não são da vontade de Deus, mas fruto de atitudes cristãs desvirtuadas. Essas divisões são como uma ferida aberta no coração de Cristo e em seu corpo, que é a Igreja. Curar essas feridas é uma missão para hoje e para amanhã, pois, enquanto existirem, serão um contratestemunho diante do mundo. Mas, como vimos nos dias anteriores, não é por uma demonstração de força entre nós que se fará a unidade, mas por uma prova de abertura dos corações à única vontade do Senhor.

"Que eles sejam um"

Nós conhecemos esta oração de Jesus antes de sua prisão: "Ó Pai santo, guardai-os em vosso nome, o nome que me destes, para que sejam um como nós... Não rogo somente por eles, mas também por aqueles que, por meio de sua pregação, vão crer em mim; para que todos sejam um, assim como vós, ó Pai, estais em mim e eu estou em vós; para que também eles sejam um em nós e assim o mundo creia que vós me enviastes" (Jo 17,11.20-21).

A unidade da Igreja, isto é, dos discípulos de Cristo, não consiste em viver numa uniformidade rígida. Antes, ela é semelhante a um ramalhete de flores, cada uma sendo única, e cujo agrupamento forma uma harmonia. Para viver, cada flor bebe da mesma fonte de água viva: o Cristo. É ele quem faz nossa unidade. A harmonia é possível graças à aceitação da diferença e da unicidade de cada um e de cada uma. Cada batizado, por sua personalidade e por sua vivência do Evangelho, traz uma riqueza nova ao ramalhete que é a Igreja.

Assim como o Pai não é o Filho e, no entanto, são "um" no amor, do mesmo modo, na Igreja, a unidade dos cristãos não se deve à sua uniformidade, mas à sua união no amor. A diferença não é uma fonte de divisão, mas uma expressão dos diversos dons do Espírito... se há vivência no Amor! É o que declara o Cura d'Ars na primeira frase citada no início de nossa jornada de oração.

É na medida em que nos sabemos amados por Deus e em que aceitamos ser amados, que podemos crescer na unidade, apesar de nossas diferenças. *"Se soubéssemos como Nosso Senhor nos ama, morreríamos de prazer! Eu não acredito que existam corações tão duros para não amar, em se vendo tão amados"*, diz

João Maria Vianney. A Igreja existe por amor e não pode dar testemunho senão vivendo no amor a Deus e aos irmãos. Do contrário, ela se torna, e nós também nos tornamos, uma simples organização humana, na qual cada um vê as coisas do seu próprio ponto de vista e não do ponto de vista de Deus.

O ensinamento da Igreja

A Igreja, em sua instituição — em particular os bispos sucessores dos apóstolos —, tem a missão de guiar o povo de Deus em sua fé e em seu amor à Trindade. Em função desse amor de Deus pelos homens e da Aliança selada em Jesus Cristo, a Igreja traz a cada um de nós sua reflexão sobre diferentes áreas de atuação da vida. Isso para ajudar-nos a discernir melhor o que se vive ao nosso redor e tornar-nos atentos ao fato que os "valores" preferidos em nossas sociedades nem sempre são valores evangélicos.

João Maria Vianney teve palavras inflamadas a respeito de certos comportamentos humanos: *"Eles trocam sua eternidade pela mísera fumaça do mundo"*. Se ele não fazia rodeios para dizer o que pensava, é essencialmente em razão de sua aguçada consciência do Amor de Deus pelos homens. Para ele era como que um dilaceramento interior ver até que ponto o ser humano se destrói, seguindo as seduções do mundo, enquanto Deus lhe oferece um amor puro. Mas nós bem sabemos: é mais fácil deixar-nos levar pelos desejos do momento do que renunciá-los por fidelidade ao amor do Senhor.

Na Igreja, nós precisamos apoiar-nos uns aos outros em nossa fidelidade de vida ao Senhor. E, se a Igreja desperta nossa consciência sobre certos aspectos da vida dos homens de nosso tempo, não é para impedir-nos de viver, colocando "proibições" por toda a parte, mas antes para guiar-nos, colocando um parapeito de cada lado da ponte da vida. *"Feliz o cristão que é esclarecido e que entra no espírito da Igreja"*, diz o santo Cura.

A Igreja está a serviço de toda a humanidade. Mas estar a serviço não significa que deva dizer sim a todos os desejos e fantasias do homem. Ela é a imagem do Cristo servidor, que dá sua vida pela multidão. O serviço de Cristo é sua palavra e sua vida, que conduzem o homem ao Pai. Um serviço que desperta a consciência para a noção do bem e do mal, em relação a Deus e não em função de nossas leis humanas. É o que lemos no Salmo 50 da liturgia da Igreja: "Contra ti, só contra ti eu pequei, eu fiz o que é mal a teus olhos" (Sl 50,6). Somente em relação ao Senhor e à sua Palavra é que podemos dizer o que é mal ou o que é bem em nossa vida. Por sua reflexão e por seu ensinamento, a Igreja nos ajuda a entrar neste conhecimento do Amor de Deus, que vem purificar nosso coração das falsas ideias e dos falsos desejos que possam existir nele e reconciliá-lo com o próprio Deus, fonte viva de todo o amor.

Obediência

O Cura d'Ars sempre considerou a união ao bispo como um sinal de adesão total ao Cristo. Esta união, nós a encontramos simbolizada no momento da ordenação do diácono e do padre, através da pergunta colocada pelo bispo: "Prometes respeito e obediência ao teu Bispo e a seus sucessores?". Esta promessa não significa um abandono do pensamento e da reflexão pessoais para tornar-se uma "sombra" do pensamento do bispo. Trata-se de reconhecer a autoridade do bispo, enquanto sucessor dos apóstolos, para anunciar a Boa-Nova, em comunhão com toda a Igreja, e guiar como um pai a Igreja local no seu amor a Deus e no seu anúncio do Evangelho.

Por sua vida e por seu ministério de Cura d'Ars, João Maria Vianney nos mostra que a obediência ao bispo não é uma submissão passiva, mas uma relação vivida no diálogo, sabendo que, em última instância, a decisão pertence ao bispo. O exemplo da casa da Providência ilustra bem a questão. O bispo de Belley pediu ao Cura d'Ars que deixasse a Providência por conta das Irmãs de São José de Bourg, para garantir o futuro da casa. Recusando-se categoricamente no início, não foi senão depois de longas discussões e a certeza de algumas garantias, que João Maria Vianney aceitou, inclinando-se diante da insistência do bispo: *"Eu não vejo a vontade de Deus, mas o Bispo a vê. Não devemos senão obedecer"*, dirá ele.

Se o bispo ocupa o lugar de Cristo no governo da Igreja, nem por isso ele é o Cristo em pessoa. A missão recebida e expressa no sacramento da Ordem não garante a infabilidade de pensamento e de ação do homem. Em consequência, isso é válido também para cada um de nós, em nossa missão de batizados, ou ainda para um ou outro dentre nós, no cumprimento de uma missão específica recebida na Igreja. Se nós não temos o desejo de realizar a obra do Senhor, nem de deixá-lo agir em nós como Ele deseja, será inútil recebermos todos os sacramentos da Igreja, pois dificilmente produzirão frutos em nós.

A história da Igreja mostra-nos que seus filhos e filhas às vezes tiveram dificuldade de permanecer fiéis ao Evangelho. Isso se deve à fraqueza e principalmente ao pecado que, às vezes, mora no coração dos batizados. Ao mesmo tempo, sabendo-nos pecadores perdoados pelo Senhor e portadores de uma missão extraordinária recebida do próprio Deus, não podemos senão começar a rezar uns pelos outros e, mais especialmente, por aqueles que têm uma responsabilidade na Igreja. É o que experimentamos, por exemplo, durante a missa, quando rezamos pelo papa, pelo nosso bispo e por todos os bispos, pelos padres, diáconos e todo o povo de batizados.

Rezemos, pedindo ao Senhor que incuta em nós o desejo de realizar sua obra, sua vontade. É de nossa responsabilidade dizer um sim total a Deus e de nos manter nele. É também de nossa responsabilidade alertar a Igreja, em seus bispos, seus padres, seus religiosos ou seus leigos, quando temos a certeza interior, bem discernida e verificada na oração, que eles estão errados ou fazem um falso caminho na prática da Boa-Nova. Às vezes, alguns dizem: "Melhor errar com a Igreja do que ter razão fora da Igreja". Se colocamos sob a palavra Igreja os homens e as mulheres que a compõem, isso é um erro. Porque, se o Espírito Santo mostra à nossa consciência que a Igreja se engana em sua prática pastoral, é nosso dever de amor por ela dizer-lhe. Porque agir assim não é renegar a Igreja, mas, ao contrário, é querê-la santa em seus membros e sem mancha diante de Deus. "Cristo amou a Igreja e se entregou por ela, a fim de santificá-la, purificando-a mediante o batismo de água, pelas palavras que o acompanham; Ele queria apresentar a si mesmo a Igreja, gloriosa, sem ruga nem mancha, ou algo semelhante, mas santa e imaculada" (Ef 5,25-27).

Décimo segundo dia

ANUNCIAR O EVANGELHO

Não é de pouco valor a Palavra de Deus! As últimas palavras de Nosso Senhor a seus apóstolos foram estas: "Vão e ensinem...", para fazer-nos ver que a palavra passa à frente de tudo. Que é que nos faz conhecer a Igreja? As palavras que nós ouvimos. Que é que nos faz distinguir o essencial? A palavra. Que é que mostra aos pais e às mães os deveres que têm a cumprir para com seus filhos e, aos filhos, os deveres que têm para com seus pais? A palavra. Por que há pessoas tão cegas e ignorantes? Porque não dão importância à Palavra de Deus.

Para João Maria Vianney não há oposição entre Deus e o mundo. O mundo dos homens é chamado a viver a plenitude de sua existência na união com o Senhor. Mas esta plenitude de vida não é possível senão pelo conhecimento e acolhida do amor divino. Saber-nos amados por Deus: eis o caminho de vida. O Amor é para todos. Não está reservado a alguns neófitos. Pois o Cristo deu sua vida para que todo ser humano, de ontem, de hoje e de amanhã, possa entrar em comunhão com o Pai, através dele, e viver eternamente na perfeição do Amor partilhado. Para o Cura d'Ars não há um mundo do qual devamos fugir, porque chafurdado no pecado, mas um mundo no qual vivemos e que precisa abrir-se ao Amor de Deus e de cada um.

Quem enviarei?

João Maria Vianney é inflamado de amor por este Deus de ternura e de misericórdia, revelado em plenitude no Cristo e anunciado pelo Evangelho. Ele é como o profeta Isaías que, depois de ter sido tocado por Deus, ouve o Senhor perguntar: "'Quem enviarei e quem irá por nós?' E eu disse: eis-me aqui, envia-me!" (Is 6,8).

O Cura d'Ars não se contentou em "converter" sua paróquia. Ele quis anunciar o Evangelho em sua totalidade, isto é, até levar os corações à união com Deus desde esta terra. União pelo Amor. *"Estar unido com Deus! Sejam unidos e procurem unir. A palavra humana tem o compromisso de unir. É o erro que é obstáculo à união. Não há união possível entre o erro e a verdade"*, anuncia ele. Uma união que tenha sua fonte na unidade da Trindade, que transpasse o coração do homem e se materialize na caridade. Antes de tudo, o Cura d'Ars pôs em prática sua palavra. "Nosso pároco faz tudo o que diz, pratica tudo o que ensina", afirmam as testemunhas.

O anúncio do Evangelho é nossa missão para todos, enquanto batizados. Não somos encarregados de converter, mas de testemunhar pela palavra e pelas ações. É Deus quem converte os corações. Mas a conversão não é possível se não há anúncio. E o anúncio passa necessariamente pela palavra. Sem as ações, nossa palavra é como que truncada; mas, sem palavra, nossos atos não podem dizer por si mesmos sua razão de ser. A palavra é o passaporte obrigatório do anúncio da Boa-Nova. Nossa palavra é, portanto, portadora de vida, quando convertida e unida a Deus. Mas é semeadora de divisão e de morte, quando não controlada. "Agora, vocês também, abandonem tudo isso: cólera, exaltação, malícia, blasfêmia, palavras indecentes devem ser banidas de seus lábios. Não mintam uns aos outros, pois vocês foram despojados do homem que eram antes, e de suas obras, e se revestiram de uma nova natureza, que através de um conhecimento cada vez mais perfeito do mistério cristão, se renova continuamente, segundo a imagem de seu Criador" (Cl 3,8-10).

A união com Deus é o ponto de partida de toda a mudança de vida interior e exterior, de toda a conversão em nossas relações humanas interpessoais e coletivas. Como cristãos, não temos de esperar que o outro se converta para viver com ele uma relação nova, fundada em Cristo. É desde agora que precisamos viver nossa fé no meio do mundo, sabendo o risco que corremos de ser recebidos como cordeiros no meio de lobos... lobos que, às vezes, se dizem cristãos.

Revelar Deus em todo o nosso ser

É o que o Cura d'Ars realmente viveu: revelar Deus em toda a sua pessoa. Do jeito que era em seu relacionamento com Deus, ele era também no relacionamento com os outros; e do mesmo jeito ele desejava que cada um fosse no relacionamento com os outros. Pois, se o anúncio do Evangelho se propaga através da palavra, como acabamos de ver, ele se propaga também através de todo o ser. Nossos atos não são somente nossas ações em favor de alguma pessoa ou de algum grupo. É nosso comportamento em toda a circunstância. Nós podemos "revelar Deus" pela nossa maneira de olhar o outro, de ouvi-lo, de falar-lhe, de amá-lo.

João Maria Vianney dizia aos membros de suas confrarias paroquiais: *"Não se enganem. Como confrades, vocês são obrigados a levar uma vida bem mais perfeita do que o comum dos cristãos"*. Repetindo sua palavra, poderíamos dizer que, como batizados, somos obrigados a levar uma vida bem mais perfeita do que o comum dos mortais. "Como filhos obedientes, não sigam os maus desejos de outrora, quando vocês ignoravam a religião. Mas, assim como é santo aquele que chamou vocês, tornem-se santos, vocês também, conforme está na Bíblia: 'Sejam santos, porque eu sou santo'" (1Pd 1,14-16).

Nos compromissos e nas decisões que tomamos, nós anunciamos igualmente a Deus. É por isso que precisamos amadurecer na oração toda a iniciativa, por menos importante que seja, referente ao nosso futuro, a curto, a médio ou a longo prazo. Depois vem o momento do "salto na fé", ou seja, que nada nos garante, de maneira absoluta, que nossa decisão é a boa. O Senhor pode inspirar-nos no coração ou mostrar-nos por intermédio de outras pessoas o que é bom. Mas, em seguida, é necessário o ato de confiança, principalmente quando somos criticados pela consequência.

De certo modo, é o que experimentou o Cura d'Ars com a casa da Providência. Cada dia era preciso arranjar dinheiro para dar de comer às moças e, especialmente, aos órfãos que chegavam de toda a parte. Quem poderia dizer de imediato, com uma "pesquisa de mercado nas mãos", se o Cura d'Ars tinha razão de se lançar na aventura? Ninguém. Somente a fé ajudou o santo Cura a aguentar, apesar das dificuldades materiais, a administração dos "empréstimos a curto prazo" e, às vezes, as críticas de certas pessoas. Não é senão com o tempo que podemos confirmar se a vontade de Deus foi bem realizada aqui. O mesmo vale para certas decisões que tomamos na fé. Nada nos garante se é mesmo a vontade de Deus. Só o futuro poderá, eventualmente, testemunhar a nosso favor. Às vezes, porém, é necessário assumir o risco, pois, se ficamos esperando que o "terreno" seja favorável, ou se queremos ter todas as garantias possíveis de êxito, não faremos nada.

O anúncio do Evangelho é um risco. Risco de não ser acolhido. Deus correu este risco: "Ele estava no mundo, e o mundo foi feito por Ele, mas o mundo não o reconheceu. Veio para junto dos seus, mas os seus não o acolheram. A quantos, porém, o acolheram, ele deu o poder de se tornarem filhos de Deus, isto é, àqueles que creem no seu nome" (Jo 1,10-12).

"Missões" para evangelizar

Nós vimos, no decorrer do décimo segundo dia, como o Cura d'Ars iniciou sua pastoral fundando-a na vida espiritual. A sua e a de vários de seus paroquianos e paroquianas. Como uma pedra lançada na água provoca uma irradiação de ondas que vão mais e mais longe, assim o desejo de unir o homem a Deus provoca na obra do Cura d'Ars uma vitalidade e uma irradiação missionárias que ultrapassarão as fronteiras. Evidentemente, os primeiros efeitos de sua pastoral atingem Ars. Mas, por sua ajuda aos párocos da redondeza e por sua participação nas "missões", bem depressa as cidades e aldeias vizinhas é que são atingidas por uma renovação do amor de Deus.

As missões são tempos fortes de oração, de anúncio do Evangelho, de confissões e de visitas às pessoas, realizadas durante alguns dias numa paróquia por padres e missionários diocesanos. Isso custa dinheiro, porque é preciso alimentar todo esse pessoal. Vendo os numerosos benefícios desta pastoral, o Cura d'Ars financiará uma centena de "missões" na diocese de Belley e também fora dela. *"Encontraremos sempre muitas pessoas às quais dedicar retratos ou estátuas, mas a salvação das almas pelas missões deve ser preferida"*, dirá ele. *"Não se sabe quanto bem fazem as missões. Para se ter uma ideia, era preciso estar no meu lugar, era preciso ser confessor."*

Se hoje não se vivem "missões" como as que viveu o Cura d'Ars, todavia nós as encontramos sob outras formas. O aumento do número de retiros espirituais é um exemplo disso. A coleção que publica este livro é outro exemplo. De qualquer maneira, nós temos necessidade de refazer-nos junto ao Senhor, de ir ao seu encontro, como se vai a uma fonte, e aí beber a água viva de seu Amor, que corre em abundância para todos os homens. Deus se faz "alimento", Deus se faz "bebida", Deus se faz "comunhão", para que a humanidade viva em verdade a missão que recebeu de Deus: amar.

Nós somos encarregados de anunciar aquele que é "o caminho, a verdade e a vida" (Jo 14,6), Jesus, que nos conduz à plenitude de relação com o Pai eterno pelo dom do Espírito de comunhão. Por isso, não tenhamos medo de nos deixar impregnar, irradiar e transfigurar por seu Amor. Sem Ele, não podemos fazer nada. Com Ele, a esperança é possível!

Décimo terceiro dia

A FAMÍLIA CRISTÃ

O sacramento do matrimônio, que é tão grande e tão santo aos olhos de Deus, não produz seus efeitos senão naqueles que o recebem com boas disposições. Não devemos casar-nos como pagãos, que não conhecem a Deus. Que se vê hoje no mundo? Que pena! Toma-se uma mulher por conveniência, por ambição ou por causa de sua beleza. Faz-se o casamento, entregam-se à alegria... e está tudo dito! E queriam ser felizes! Não! Não pode ser assim. O bom Deus não abençoa as uniões em que não foi consultado. Mesmo nos casamentos felizes não se devem ter ilusões. Há sofrimentos e, muitas vezes, bem grandes. Cada um dos cônjuges tem suas imperfeições, seus defeitos.

Não estamos habituados a meditar com o Cura d'Ars sobre o casal, sobre os pais, sobre os filhos, sobre a família. No entanto, sua santidade transparece também nos lares, onde suas palavras podem ser um ensinamento e um apoio para nós hoje, quase um século e meio após sua morte. Numa linguagem sempre simples e criativa, ele ressalta as realidades fundamentais do amor e da educação dos filhos. Ele, o apaixonado de Deus, o amante de Deus, como o vimos desde o segundo dia, sem dúvida tem algo a dizer-nos sobre o que fundamenta o verdadeiro amor humano e sobre a maneira de se amar numa família cristã.

Amar é doar-se a si mesmo

Para o Cura d'Ars não existe amor, se o homem *"toma uma mulher por conveniência, por ambição ou por causa de sua beleza"*. Porque a mulher não é um objeto a serviço do homem e de seus desejos. Isso parece evidente. Contudo, não é o que se nos propõe diariamente, por exemplo, nas propagandas ou em certas músicas populares com seus videoclipes. Como um prego que se crava na madeira à custa de marteladas, o olhar que lançamos sobre o outro, homem ou mulher, pode acabar por perverter, devido à infinidade de mensagens que vemos e ouvimos, as quais nos dão a impressão que o ser humano é um objeto para se consumir ou possuir. O outro, como pessoa, não conta mais; é o meu prazer que interessa. Isso é o amor? "Qualquer coisa" vivida com o outro enquanto se deseja?

"Deus criou o homem à sua imagem, à imagem de Deus o criou, macho e fêmea ele os criou"(Gn 1,27). De toda a criação, só o ser humano foi criado à semelhança de Deus. Não uma semelhança física, o que é secundário, mas uma semelhança do coração. No interior de si mesmo, em seu ser mais profundo, o homem é "imagem" de Deus. Isso quer dizer que, ao ver o homem viver e agir segundo a vontade de Deus, pode-se descobrir que Deus é Amor.

Nós amamos o outro na medida em que nos amamos como Deus nos ama: propondo-nos ao outro e aguardando seu sim com um imenso respeito. Não podemos impor nosso amor a ninguém. Não podemos senão propô-lo. O que vai então ajudar nosso amor a crescer e a dominar-se é o tempo do diálogo. É como um ajustamento de um e do outro, no qual cada um se encontra no outro, num diálogo confiante, no qual cada um acolhe o outro do jeito que ele é, sem querer mudá-lo. Amar uma pessoa não é amar a imagem que temos dela ou que desejamos ter; é amá-la em sua realidade, tal como é e como se apresenta a nós. Porque *"cada uma das duas pessoas tem suas imperfeições, seus defeitos"*, lembra o Cura d'Ars.

Nosso amor atinge sua plenitude no dom de si ao outro. Pois, se somos sinceros, nosso amor torna-se compromisso; do contrário, não é amor, mas simplesmente o prazer de estar junto. O compromisso é o dom de si ao outro por amor, um dom recíproco. É como um presente de imenso valor, um presente único que se faz a alguém que se ama. Nós somos este presente. E, quando se dá um presente, não se toma de volta. Quando damos o presente de nosso corpo, não o tomamos de volta. Ora, nosso coração é o maior presente que podemos oferecer e nosso corpo é sua expressão mais concreta e visível. Por nosso corpo, não damos qualquer coisa. Nós nos damos totalmente. E a fidelidade é o sinal deste dom total.

Desta forma, nós vivemos nossa semelhança com Deus, que não dá nada, mas "se" dá em plenitude ao homem, até em seu corpo, sobre a cruz e na Eucaristia. Deus se dá e não se toma de volta. Assim nosso amor, educado pelo amor de Deus, não se toma de volta depois de ter sido dado. Eis por que é tão importante não nos precipitarmos nos braços de quem quer que seja, nem nos apressarmos no compromisso do casamento. O amor é um compromisso tão grande da pessoa, que ela se prepara e amadurece antes de se dar plenamente.

Os pais, os primeiros educadores

A educação dos filhos sempre causou problemas aos pais, pois os filhos têm sua própria personalidade. Não são meros "executores" dos desejos dos pais. Muito simplesmente, eles são eles mesmos. Se educar é ensinar ao outro a tornar-se responsável por si mesmo e pelos outros, então a educação é uma missão fundamental. E os primeiros educadores da vida são os pais. Nós bem sabemos que não há uma receita mágica para uma educação ter sucesso; em compensação, há regras fundamentais que não se podem esquecer.

O próprio João Maria Vianney foi filho. Como pároco, muitas vezes visitou as famílias de Ars e as conhecia bem. Ele via o que se passava na educação dos filhos. Isso lhe permitiu muitas vezes dizer o que pensava, para ajudar os pais em sua tarefa educativa. Daí esta frase que, às vezes, é bom ouvir de novo: *"Seus filhos se lembram bem mais do que viram vocês fazerem do que daquilo que disseram a eles"*. Uma verdade de todos os tempos, poderíamos dizer, mas que reforça o que já meditamos nos dias anteriores: nossa profissão de fé em Deus torna-se verdadeiramente testemunho na medida em que vivemos o que dizemos, o que cremos. Se pedimos a nossos filhos que se amem entre irmãos e irmãs e, em nosso plano, estamos divididos entre nossos próprios irmãos e irmãs, por causa de uma herança por exemplo, que repercussão terão nossas palavras? É o que faz o Cura d'Ars dizer: *"De bom grado vocês devem desculpar seus filhos daquilo que vocês mesmos fazem!"*

Os pais têm um papel fundamental e insubstituível na educação familiar. Seu exemplo é a melhor educação. *"A virtude passa do coração das mães ao coração dos filhos, que fazem de bom grado o que veem fazer"*, diz João Maria Vianney. Quando fala da oração, ele a compara a um *"doce entretenimento de um filho com seu pai"*. Palavras que nos mostram e nos lembram como o diálogo entre o pai e seus filhos, entre a mãe e seus filhos é vital. Sim, a educação passa pelo encontro.

Deste modo, seria em vão um filho possuir uma multidão de bens materiais, praticar atividades esportivas, culturais ou artísticas, se ele vê muito pouco seus pais, se não tem relacionamento, diálogo, longos tempos de encontro e de presença com eles, ele sofrerá em seu coração. Ele não fará a experiência de felicidade em família e correrá grande risco de procurar preencher esta lacuna por uma fuga no álcool, na droga, na violência gratuita em más companhias... até gritar por socorro numa tentativa de suicídio. O Cura d'Ars tem uma palavra terrível a este respeito: *"Vocês têm menos cuidado com seus pobres filhos... do que com seus animais que vocês têm em suas estrebarias"*. Palavra terrível exprimindo seu sofrimento de ver como essas crianças, que têm tanta necessidade de amor para viver e crescer, são passadas para trás pelo trabalho dos pais. Sem nos culpabilizar por isso, não está aí um apelo do Senhor para nosso mundo hoje?

A ausência demasiado longa dos pais, muitas vezes por causa do trabalho necessário à subsistência da família e aos compromissos financeiros, às vezes os leva a "compensar" junto a seus filhos, enchendo-os de bens materiais. O Cura d'Ars nos alerta: *"Os pais e as mães têm tanto medo de contrariar seus filhos que, às vezes, comprometem sua consciência"*.

Cuidemos como prioritária da educação de nossos filhos. Como nós, eles têm direito à felicidade. Ora, nós sabemos que a felicidade não está nos bens materiais, que não podem saciar nossa sede de viver senão por algum tempo, mas não podem satisfazê-la plenamente. A felicidade está no relacionamento com o outro, na certeza de ser amado e, portanto, de existir para o outro. Ela passa pelo coração aberto de um pai e de uma mãe para com seus filhos.

A oração das crianças

O Cura d'Ars sempre acreditou na força da oração das crianças. Muitas vezes, ele confiava intenções de orações às meninas da escola. "Ele fazia as crianças da Providência rezarem pelas graças que queria alcançar e dizia que, nesses casos, era sempre atendido", dizem as testemunhas. *"Elas são pequenas, dizia, mas suas preces são grandes diante do bom Deus. Não fazer as crianças rezarem é roubar uma grande glória do bom Deus."*

Se acreditamos que o homem foi criado à semelhança de Deus, portador desde sua concepção da vida de Deus em si, isso quer dizer que muito cedo as crianças podem viver uma relação espiritual com o Senhor. Pois, se for preciso esperar que a criança chegue ao ponto de compreender intelectualmente quem é Deus, para lhe falar do Senhor, nós nunca lhe falaremos dele. Ora, o encontro com Deus não é, em primeiro lugar, da ordem de um saber intelectual; é experiência, relação do coração. Nosso amor por uma pessoa cresce na medida em que a encontramos e apreciamos. É assim com Deus: é encontrando-o na oração, por exemplo, em família, que a criança pouco a pouco descobre quem é Deus e aprende a declarar-lhe seu amor, na proporção de seu coração de criança. Na proporção também de sua confiança natural no outro, que é grande. "Deixem vir a mim as criancinhas, e não as impeçam, porque o Reino de Deus pertence aos que são semelhantes a elas. Eu lhes afirmo com toda a certeza: quem não acolher o Reino de Deus como uma criança, nele não entrará" (Mc 10,14-15).

Décimo quarto dia

OS PADRES

Tivessem vocês aí duzentos anjos, eles não poderiam absolvê-los. Um padre, por mais simples que seja, pode. Ele pode dizer a vocês: "Vão em paz, eu os perdoo". Oh! Como o padre é algo de grande! Não se poderá compreender bem o padre, senão no céu... se o compreendêssemos na terra, morreríamos, não de medo, mas de amor. O padre não é padre para si mesmo. Ele não dá a absolvição a si mesmo. Ele não se administra os sacramentos. Ele não existe para si mesmo, existe para vocês. O sacerdote é o amor do coração de Jesus. Quando vocês virem um padre, pensem em Nosso Senhor.

O ministério do padre é qualquer coisa de grande para o Cura d'Ars. Não o homem, o indivíduo, mas a missão confiada. Missão de anunciar Deus, de revelar Deus, de dar Deus, de conduzir a Deus, de fazer nascer para Deus... Vendo o santo Cura viver, compreendemos como este ministério envolve e compromete todo o ser. Para poder ser vivido, ele exige uma disponibilidade interior e uma autêntica vida espiritual da parte do padre.

Uma missão de Igreja

"O padre não é padre para si mesmo", diz João Maria Vianney. Ou seja: não é para estar mais perto de Deus, em vista de "sua salvação pessoal", que um homem decide ser padre. Os padres existem para todos os batizados e também para todos os não batizados.

Tudo começa quando, um dia, um jovem ou um adulto é despertado para essa possibilidade de ser padre, seja porque um padre ou uma pessoa da comunidade paroquial lhe falou no assunto; seja após a leitura dos Evangelhos, ou ainda à vista de um filme que o marcou... É como uma brecha em seu coração, abrindo-o para outra dimensão da vida. "Por que não?", se diz então.

A Igreja encarregar-se-á de discernir se esse apelo é realmente uma vocação. Se é o caso, de qualquer maneira é uma questão de amor a viver. O homem chamado a ser padre não pode dizer sim senão no amor. Consequentemente, é também na proximidade interior e amorosa com o Senhor que os padres encontram a força para viver seu ministério. Deus é o fundamento de sua vida, sua força e seu sustentáculo. Do mesmo modo que não basta olhar um prato para alimentar seu corpo, assim também não é suficiente saber que Deus está com ele para viver o ministério de padre. É vital alimentar-se do Senhor, particularmente pelo encontro pessoal vivido na oração e na Eucaristia.

Quanto mais os padres se sintonizam com Deus, como uma antena de televisão está dirigida para o transmissor, com mais qualidade eles transmitem o "vinho novo" do Senhor, que ele deseja dar a todos os homens e, em primeiro lugar, a seus discípulos na Igreja. Este vinho novo é sua Palavra, sua Eucaristia, seu Perdão, sua Paz. Em outras palavras: é ele próprio, pois, como vimos no dia anterior, Deus não dá alguma coisa de si, ele se dá a nós. Para dar este vinho novo à humanidade, não precisamos misturar nossa água nele, isto é, moderar aquilo que vem de Deus, em função de nossas preferências ou de nossos gostos pessoais. Para anunciar Deus, não há senão um caminho: a união com Deus, ou seja, a santidade.

Sinais de comunhão

A missão dos padres é "reunir numa unidade os filhos de Deus que andavam dispersos" (Jo 11,52). Cada batizado é um só e, portanto, não se pode expressar nele sozinho a plenitude de vida que está em Deus e na Igreja. O mesmo vale para cada grupo humano que, sozinho, não pode expressar senão um aspecto dessa vida evangélica. Ora, quem representa esta comunhão dos indivíduos e dos grupos entre si é o bispo e, em união com ele, os padres. Sinais da presença de Cristo no meio de seu povo, o bispo e os padres expressam, por sua união a uma diversidade de pessoas e de grupos, que todos são membros de um mesmo corpo que está acima deles: a Igreja.

João Maria Vianney mostra-nos também que o ministério da unidade se vive no dia a dia, pelo encontro de uns com os outros, pela atenção dispensada a cada um, pela visita aos doentes, a uma ou outra família... Nosso contexto eclesial é diferente neste fim de século XX, mas o que permanecerá sempre é o encontro das pessoas, a atenção a todos e a cada um. Os padres devem ter cuidado para não reduzir seu ministério à administração de organismos cristãos, o que acabaria por afastá-los da missão a cumprir sobre a terra. E sabemos que são muitos aqueles que não conhecem mais o

Cristo. Com todos aqueles que já vivem sua fé no cotidiano, os padres devem anunciar a Boa-Nova do Amor oferecido.

A verdadeira felicidade é ser amado, saber-se amado e aceitar ser amado e reconciliado por alguém, Deus Pai, que se revela em Jesus Cristo Salvador e nos guia pelo Espírito Santo. Em Deus-Trindade encontra--se a verdadeira alegria interior e profunda, e não na procura da realização pessoal, simplesmente pela escolha de vida ecológica, de alimentação biológica, ou ainda bebendo de uma energia cósmica circulante no mundo, sonhando com uma fraternidade universal, ou ainda procurando um conhecimento de si e dos segredos da vida.

A serviço do Amor

"Deus é Amor" (1Jo 4,8), e o ser humano encontra sua unidade na relação com Deus. Pois o homem não é só físico e psíquico; ele é também espiritual. E ele encontra seu desenvolvimento no encontro com Deus e na prática do amor fraterno. Ora, nós estamos cada vez mais mergulhados num universo religioso pagão, que procura unificar o homem com o cosmos. Como cristãos, nós sabemos que não é por nós mesmos que entramos em harmonia com o universo, mas pela comunhão com Deus.

É Deus quem faz a unidade de nossas vidas e quer nossa felicidade, mostrando-nos o caminho para ela. Uma felicidade tão forte que durará sempre, uma felicidade sobre a qual a morte não terá poder. O caminho de Vida é a acolhida do amor de Deus e a prática desse amor. Pois nós somos profundamente amados pelo Senhor; e a missão dos padres, em particular, é proclamar, explicar e viver firmemente esse Amor de Deus Pai, Filho e Espírito.

Deus não é uma força cósmica. É um ser pessoal que se dirige a nós por Jesus Cristo: através de toda a Bíblia e também através da Igreja, na medida em que ela está "sintonizada" com Deus. Com efeito, não somos nós que adaptamos Deus ao nosso desejo de vida e de felicidade; é ele que nos ajusta e nos ensina a viver em paz e em confiança com ele e entre nós, pelo vínculo do amor fiel. É a Igreja e, em particular, os padres que têm esta responsabilidade de guiar cada um para a verdade. Esta verdade não é o amor teórico de Deus pelo homem, mas seu amor tornado visível em Jesus, Deus feito homem, nascido da Virgem Maria, que sofreu o martírio da cruz, que morreu e ressuscitou no terceiro dia. Deus amou-nos até morrer. Ele preferiu derramar seu sangue pela fidelidade ao seu amor pelo homem, antes que deixar de amá-

-lo. É pelo sangue de Cristo que nós temos a vida eterna: este sangue é sua vida dada por amor. Pois Deus ressuscitou Jesus e perdoou o homem que recusava um tão grande amor.

Não tenhamos medo de anunciar Jesus, Deus que se faz homem para conduzir o homem a Deus; não tenhamos medo de anunciar o Pai de todo o Amor, para o qual nós vamos, e que já encontramos na oração e nos irmãos; não tenhamos medo de anunciar o Espírito Santo, aquele que nos une ao Pai e ao Filho, não por magia, mas pelo vínculo do amor acolhido e vivido. Não tenhamos medo de proclamar que os sacramentos da Igreja são um encontro privilegiado com Deus, Trindade de amor, um encontro em que a vida de Deus nos é dada em abundância. Enfim, não tenhamos medo de testemunhar que Deus, que é todo amor, é o único capaz de curar as feridas de nosso coração, causadas muito particularmente pela falta de amor, pelas traições ou rupturas do amor que experimentamos.

A missão dos padres passa por aí, talvez mais especialmente em nosso mundo, em busca de sentido e de vida. Uma missão junto aos cristãos que necessitam ser esclarecidos e fortalecidos em sua fé; do mesmo modo, uma missão junto a todas as pessoas que buscam a Deus, jovens e adultos; e junto a todos aqueles e aquelas, que já foram iludidos pela falsa luz de certas correntes religiosas, espirituais ou místicas, mesmo se usam a Bíblia e as palavras de Jesus. São correntes que não levam o ser humano a viver uma aliança livre e responsável com as três pessoas da Trindade: o Pai, o Filho e o Espírito Santo. Uma Aliança que a Igreja anuncia desde o dia de Pentecostes: "Que toda a Casa de Israel fique sabendo, com absoluta certeza, que Deus estabeleceu como Senhor e Messias a esse Jesus que vocês crucificaram!" (At 2,36).

"... enquanto vocês matavam o Autor da vida; mas Deus o ressuscitou dentre os mortos, e disso nós somos testemunhas. E foi pela fé no nome dele que este mesmo nome acaba de fortalecer este homem que vocês estão vendo e é seu conhecido; e a fé que nos vem por Jesus devolveu-lhe toda a sua saúde, na presença de vocês todos" (At 3,15-16).

Décimo quinto dia

MORTE E SANTIDADE

Que direção tomará nossa alma? Aquela que lhe tivermos dado sobre a terra. Os bons cristãos não morrem nunca; cada dia eles avançam um passo rumo ao Paraíso. As névoas que obscurecem nossa razão serão dissipadas. Nosso espírito terá compreensão das coisas que lhe foram ocultas aqui embaixo...

Nós o veremos! Nós o veremos! Ó meus irmãos! Vocês nunca pensaram nisto? Nós veremos Deus! Nós o veremos de verdade! Nós o veremos tal qual Ele é... face a face! Nós o veremos, nós o veremos!

Nós vivemos numa sociedade em que a morte parece posta de lado. Ela é um tabu, porque falar nela é reconhecer nossa impotência diante dela. É como um erro de percurso que é preciso esconder, pois o que conta é permanecer jovem, são as honras, o sucesso, a riqueza. No entanto, não passa um dia sem notícias de acidentes, de falecimentos, de guerra... Mas, falar da morte como o maior acontecimento de nossa vida, esta é outra história!

Nós somos mortais

A única coisa absolutamente certa que pode acontecer a todo ser humano, desde sua concepção, é morrer.

"Ao morrer, nós fazemos uma restituição, diz o Cura d'Ars. Nós devolvemos à terra o que ela nos deu... uma pequena pitada de pó do tamanho de uma noz: eis o que nos tornaremos. É tudo de que nos orgulhar!" Nós não somos Deus. Somos marcados pelo tempo e, consequentemente, pelos limites do tempo. Mesmo que isso nos revolte, precisamos aceitar que um dia iremos morrer. E também que isso pode acontecer a qualquer hora.

No entanto, a esperança cristã nos traz um formidável sopro de vida diante da provação da morte: "Por que essa agitação e esses choros? A menina não morreu, mas está dormindo", diz Jesus àqueles que choram a morte da filha de Jairo (Mc 5,39). Sinal visível de Deus para dizer-nos que a morte física não é um fim. Para Deus, a verdadeira morte é a recusa total do Amor. Os primeiros cristãos dirão daqueles que morrem na fé que eles "adormeceram". Assim, o medo da morte não deve habitar em nós, na medida em que acreditamos na ressurreição dos mortos, depois de Cristo. É neste sentido que Jesus fala a Marta que chora seu irmão Lázaro: "Eu sou a ressurreição e a vida. Aquele que crê em mim, mesmo que tenha morrido, viverá. E todo aquele que vive e crê em mim não morrerá nunca. Você acredita nisso?" (Jo 11,25-26).

Nosso medo da morte é tal, que fazemos tudo para escondê-la. Alguns chegam, às vezes, até a não visitar seu pai ou sua mãe, abandonando-os realmente aos bons cuidados de uma casa para pessoas idosas. Casa que se torna então um "morrer de luxo" para essas pessoas que nunca recebem nenhuma visita.

O desgaste físico e a doença, muitas vezes presentes na aproximação de nossa "eterna juventude", às vezes nos metem medo. Não estando eu mesmo doente ou debilitado, não posso dizer como se vive esta experiência. Posso apenas formular um desejo: aprendamos desde agora a viver com nossas limitações e com nossas fraquezas, apoiando-nos em Deus, que nos dá a força para aceitá-las, sem por isso nos deixar vencer por elas. Mas, para tanto, precisamos renunciar a querer sempre passar aos outros uma boa imagem de nós mesmos. Muitas vezes temos dificuldade de conviver com nós mesmos e nos criamos uma imagem. Mas, quando se quebra a fachada e a realidade é que importa, não nos suportamos mais. Prefeririamos antes acabar com a vida do que amargar um fracasso. Fiquemos atentos a isso, mais particularmente nós, enquanto cristãos. Aprendamos a aceitar-nos e a amar-nos do jeito que somos, pois Deus nos ama com nossas limitações. Ele não espera que sejamos perfeitos para amar-nos. Aprendamos a conviver com aquilo que somos, para assim "viver nossa vida", e não suportá-la ou escondê-la de si mesma.

Viver a morte

"A morte é a união com Deus. No céu, o amor de Deus encherá e inundará tudo", explica João Maria Vianney. Sim, nós cremos, a morte não é um fim, é uma passagem, uma Páscoa. Ela é abertura para o encontro com Deus. Nós estaremos diante dele do jeito que somos, sem artifício nem aparato. Nós mesmos, diante de Deus, que é todo Amor. Descobrindo então com que Amor nós somos amados, um Amor infinitamente mais pessoal, intenso e profundo, do que poderíamos ter imaginado na terra: compreenderemos, então, a pobreza de nossos amores de homens e de mulheres. Se, porém, tomando consciência

de nossos pecados, isto é, de nossas faltas para com o Amor, aceitarmos ser purificados pelo Amor misericordioso do Senhor, então entraremos na Alegria!

É esta esperança do Encontro que fazia o santo Cura viver. Ele tinha, porém, uma preocupação: cair no desespero no momento de sua morte. Seu medo da morte se devia não ao acontecimento da morte física, mas ao que a morte significava para ele: prestar contas a Deus de seu ministério de padre e, principalmente, de pároco. Na verdade, ele adormeceu em Deus numa grande paz, tendo plena consciência que vivia seu *"pobre fim"*.

Muitas vezes, ocorre-nos ouvir dizer sobre a maneira de morrer: "Eu gostaria de morrer dormindo para não sentir nada". Ou ainda: "Gostaria que viesse de repente, para que eu não tenha tempo de pensar nela". Ora, esse é o momento da passagem. Não sabemos em que circunstâncias morreremos. Mas, se cremos realmente que vamos encontrar o Senhor, então precisamos pedir-lhe a graça de viver nossa morte. E, aproximando-se o momento, preparar-nos para ela, preparar nosso coração e nosso espírito para o encontro eterno.

Chamados à santidade

"Vi uma grande multidão que não se podia contar; era gente de toda raça, povo e língua. Estavam de pé diante do trono e diante do Cordeiro, vestidos de branco e com palmas na mão. E gritavam bem alto: "A salvação pertence ao nosso Deus, que está sentado no trono, e ao Cordeiro" (Ap 7,9-10).

A esperança da vida eterna não é uma fuga deste mundo difícil de viver, para mergulhar no sonho. A eternidade é o cumprimento da Aliança com o Senhor. Mas é desde hoje que temos de viver a Aliança. É vivendo o momento presente, totalmente enraizados e encarnados na vida cotidiana, que somos chamados a praticar o Evangelho. Quando a Igreja nos mostra os santos, descobrimos que a santidade deles é manifestada sobre a terra, em sua existência concreta e em suas solidariedades humanas. *"A pregação dos santos são seus exemplos",* diz o Cura d'Ars.

Somos chamados à santidade, todos nós, sem exceção, porque a santidade é deixar-se amar por Deus, amá-lo numa relação confiante e praticar esse amor pelo testemunho ativo da caridade fraterna. Nós nos tornamos santos na medida em que conformamos nossa vida à vontade de Deus, Trindade de Amor. *"Os santos, nem todos começaram bem, mas todos terminaram bem"*, diz ainda o Cura d'Ars.

Ao término destes quinze dias de oração, tomemos a decisão de nos tornarmos santos, por um sim dado totalmente ao Senhor, sim para ser amado e para amar. Só Deus sacia nossa sede de amor e nos ensina a amar de verdade nossos irmãos humanos. Ele é nossa felicidade. Então, não tenhamos medo de ser santos!

"Não tenho outra coisa que demonstrar a vocês, senão a indispensável obrigação em que estamos de nos tornarmos santos. Se pudéssemos interrogar os santos, eles nos diriam que sua felicidade é amar a Deus e estar seguros de amá-lo sempre."

João Maria Vianney

BIBLIOGRAFIA

Existe um bom número de obras sobre João Maria Vianney. Eis algumas, fundamentais:

Francis TROCHU, *O Cura d'Ars, João Batista Maria Vianney, Patrono oficial dos párocos, 1786-1859,* Ed. Vozes, 1960.

André DUPLEIX, *Comme insiste l'Amour,* Nouvelle Cité, 1986.

Mgr René FOURREY, *Jean Marie Vianney, Curé d'Ars, vie authentique,* Desclée de Brouwer/Mappus, 1981.

Bernard NODET, *Jean-Marie Vianney, Curé d'Ars. Sa pensée son coeur, Desclée de Brouwer/*Mappus, 1981.

Bernard NODET, *Le Curé d'Ars par ceux qui l'ont connu* (extratos de depoimentos feitos entre 1861 e 1865, consignados no processo de instrução da diocese de Belley, em vista da canonização), O.E.I.L., 1986.

Outras obras ou artigos que aconselhamos:

Jacques PAGNOUX, *Ars, terre mariale et terre de feu,* SOS, 1986.

Bernard NODET, "Un homme social, Monsieur Vianney, curé d'Ars", suplemento aos *Anais d'Ars* n⁰ 75, 1968.

Bernard NODET, *Les plus beaux textes des catéchismes du saint curé d'Ars,* Publications Lyon-Trévoux, 1976.

Collectif, *Un curé de village, Jean-Marie Vianney,* La Tradition Vivante, 1981.

ÍNDICE

Prefácio 3
Introdução 9
1. A obra do Senhor............................. 13
2. O amor de Deus 21
3. A oração 31
4. A cruz 39
5. A Eucaristia 47
6. O perdão 55
7. Com Maria 63
8. A partilha comunitária 69
9. Acolhida do outro 75
10. O lugar dos leigos 83
11. Viver em Igreja 91
12. Anunciar o Evangelho 101
13. A família cristã 109
14. Os padres... 119
15. Morte e santidade 127
Bibliografia 134